KB177621

영어를
네이티브처럼
말하고 쓰는 법

영어를 네이티브처럼 말하고 쓰는 법

초판 1쇄 발행 2024년 5월 2일
초판 3쇄 발행 2024년 8월 20일

지은이 최정숙
발행인 김태웅
편집 황준, 안현진
디자인 싱타디자인
마케팅 김철영
제작 현대순

발행처 (주)동양북스
등록 제 2014-000055호
주소 서울시 마포구 동교로22길 14 (04030)
구입 문의 전화 (02) 337-1737 팩스 (02) 334-6624
내용 문의 전화 (02) 337-1763 이메일 dybooks2@gmail.com

ISBN 979-11-7210-034-6 13740

ⓒ 2024, 최정숙

영어를 네이티브처럼 말하고 쓰는 법

HOW TO **SPEAK & WRITE** ENGLISH LIKE A *NATIVE*

원어민처럼 자연스러운 영어에는 원리가 있다!

최정숙 지음

동양북스

토종 한국인이 원어민에 가까운 영어를 구사하는 것이 가능할까요? 대다수의 한국인들이 수십년에 걸쳐 영어공부에 많은 시간과 자원을 투자하지만, 제대로 된 영어문장을 만들어내는 한국인은 극히 드뭅니다. 그것은 내가 말하려고 하는 의미를 담을 수 있는 영어적 구조를 체계적으로 학습하지 않았기 때문입니다. 단순히 한국어 문장 구조에 단어만 영어로 바꿔 구사하는 정도였죠.

이런 한계를 극복하려면 한국어 문장구조와 영어 문장구조에 태생적인 차이가 있음을 먼저 인지해야 합니다. 예를 들어, 한국어에는 부사절이 지배적인 기능을 합니다. 그리고 항상 문장 앞에 놓이죠. 하지만 영어에서는 강조를 할 경우만 앞에 위치하고, 사용빈도도 한국어에 비해 훨씬 낮습니다. 예를 들어, '숙면을 취하면 당신의 몸 상태가 좋아질 겁니다'고 할 때, 한국인들은 'If you get deep sleep, your physical condition will improve'와 같이 한국어 문장에 단어만 영어로 바꿉니다. 하지만 원어민들은 'Deep sleep will improve your physical condition'이라고 하죠.

또 다른 예를 들어 볼까요? 한국어는 동사가 술부의 의미를 대부분 책임지지만, 영어는 그 성격에 따라서 형용사, 부사 등 다양한 형태로 표현할 수 있습니다. 이런 까닭에 한국인의 영어 문장에는 동사가 불필요하게 많이 쓰이는 경향이 있어요. 예를 들어, '유기농 식품에 대한 수요가 증가한다'고 할 때, 한국인들은 보통 'A demand for organic foods increases'라고 합니다. 하지만 원어민은 'There is a growing demand for organic foods'라고 하죠. 즉, '증가하다'는 의미를 명사 demand를 꾸며주는 형용사 형태로 바꾸는 겁니다.

자신이 말하려고 하는 의미를 담을 수 있는 영어적 구조를 반드시 학습해야 합니다. 이 작업없이 한국어식 영어의 극복은 어렵습니다. 이 책의 파트 1에서는 한국어와 영어 구조의 결정적인 차이를 설명하는 핵심 10가지를 제공합니다. 말하기를 위한 기본 문장 테스트를 통해 독자 스스로 연습하고, 저자와 함께 풀어나가는 형식입니다. 이 후 학습의 완성도를 높이기 위해 해당 패턴이 포함된 원어민의 글쓰기를 시도해 봅니다. 파트 2에서는 이런 결정적인 차이를 가져오는 핵심 원리와 구조를 다양한 예시와 자료를 통해 분석합니다.

오랜 기간 영어공부에 많은 시간과 자원을 할애했음에도 불구하고 제대로 된 영어문장을 만들어내지 못한다면, 지금까지 해온 방식에 문제가 있는 것은 아닌가 의문을 가져야 합니다. 한국어 문장을 그대로 영어로 옮기거나, 단편적인 표현 위주의 학습은 근본적인 문제를 해결해 주지 않습니다. 두 언어의 원리와 구조에 대한 이해를 바탕으로 한국어의 의미를 담을 수 있는 영어의 구조를 찾으려고 할 때 비로소 더 발전할 수 있는 것이죠. 이 책이 여러분의 이런 도전에 초석이 되었으면 하는 바람입니다.

차 례

PART 2 네이티브 영어를 만드는 구조와 원리

PART 1

영어를
네이티브처럼
말하고
쓰는 법

—

CHAPTER 1

네이티브는
부사절이 아니라 사물주어를 쓴다 1

한국어 문장 구조와 영어 문장 구조의 가장 큰 차이 중 하나는 부사절의 역할과 기능입니다. 한국어에는 부사절이 항상 문장 앞에 놓이며 비중도 높지만 영어는 강조를 위한 경우가 아니라면 문장 뒤에 두는 것을 원칙으로 하고, 수식어로서의 기능만 수행합니다. 사용 빈도가 높은 한국어의 부사절을 영어에서도 그대로 부사절의 형태로 쓴다면 한국어식 영어가 되겠죠. 이를 극복하는 방법이 바로 부사절을 사물주어의 형태로 바꾸는 겁니다. 단, 부사절의 내용이 핵심어인 주어 자리에 들어갈 만큼 중요한 내용이어야 합니다. 그럼 같이 말을 만들어 보면서 알아볼까요?

01

자전거로 이동하면서 그는 계획을 생각해 낼 약간의 시간을 벌었다.

▶

Tip (자전거) 이동 **ride** / 생각해 내다 **come up with**

'시간을 벌다'를 단어만 바꿔 영어로 쓴다면 문제는 복잡해 집니다. 우선 '시간을 벌다'는 영어에서 buy time이죠. 어 설프게 짜맞춰 보면, While he was moving by his bike, he bought time to think about the plan.으로 쓰는 한국인이 많을 겁니다. **하지만 영어에서는 자전거 이동이 그로 하여금 시간을 벌 수 있게 해 준다는 논리가 필요하죠. The bike ride gave him some time to come up with a plan.과 같이 말이죠.** 여기서 '생각해 내다'는 아이디어나 계획을 생각해 내는 것 이기 때문에 come up with를 써야 합니다. 우리가 알고 있는 think about은 어떤 것을 생각한다는 그 자체로 위 문맥에는 맞지 않습니다. 이동한다고 할 때도 어떻게 이동하는가에 따 라 단어는 달라집니다. 자전거로 이동하는 것이니 ride가 필 요하죠. 비행기로 이동하면 fly, 배로 이동하면 sail 등의 단어 를 써야 합니다.

Ans The bike ride gave him some time to come up with a plan.

밖에 나와 있으니 그는 기분이 훨씬 좋았다.

▶

한국말을 그대로 옮겨 He felt great because he was outside. 라는 문장을 만들 수도 있겠죠. 하지만 전혀 매력적이지 않습니다. **그럼 Being outside felt great to him.은 어떤가요? 즉, '밖에 나와 있으니'를 동명사구 being outside란 사물주어로 만듭니다.** 이 문장에서 가장 주목할 점은 feel의 활용입니다. 한국인들은 feel의 주어로 사람만을 씁니다. 하지만 어떤 대상이 나의 촉각에 의해 느껴질 때 그 대상이 주어가 될 수 있습니다. 예를 들어, '이 물은 매우 차가워요'를 The water feels very cold.라고 할 수 있다는 거죠. '밖에 있음이 그에게 너무나 좋게 느껴졌다'고 직역할 수 있겠네요. great는 양, 크기, 정도가 크거나(ex. a great deal of money 많은 양의 돈), 훌륭하고 중요하거나(ex. a great leader 훌륭한 지도자), 위 문장과 같이 매우 좋다는(ex. a great idea 정말 좋은 생각) 뜻으로 활용될 수 있습니다.

Ans Being outside felt great to him.

03

날카로운 비명 소리에 그녀는 걸음을 잠시 멈췄다.

Tip 비명 소리 **shriek** / ~을 멈추다 **halt** / 걸음 **walk**

'날카로운 비명 소리가 그녀의 걸음을 멈추게 했다'란 구조로 바꿔야 한다는 것이 한눈에 들어와야 합니다. 날카로운 비명을 **A sharp shriek**로 우선 처리하죠. '비명'이라고 하면 scream이 널리 알려져 있지만, shriek는 보다 짧은 시간에 갑작스럽게 최고음으로 들리는 비명 소리로 위 문맥에 맞습니다. '멈추다'라고 할 때 stop, cease, halt, pause가 있죠. stop은 움직임을 멈추는 것(ex. Police officers ordered him to stop. 경찰은 그에게 멈추라고 명령했다.), cease는 존재를 멈추는 것(ex. Everything will eventually cease to exist. 모든 것은 죽게 되어 있다.), halt는 일시적으로 멈추는 것(ex. The hearing was halted until the evidence was submitted. 증거자료 제출까지 청문회는 중단되었다.), pause는 일시적이지만 원래 상태로의 회복을 전제하는 것(ex. She gobbled up her dinner without pausing for breath. 그녀는 숨도 쉬지 않고 저녁을 먹어 치웠다.)입니다. 여기서는 일시적으로 멈춘 것이니, **A sharp shriek halted her walk.**로 완성됩니다.

04

열심히 일하면 당신은 많은 혜택을 받게 될 겁니다.

▶

Tip 일하다 **work** / 혜택 **benefit**

앞 문장의 '열심히 일하면'을 If you work hard라는 부사절이 아니라, working hard라는 동명사구 사물주어로 만드는 것이 포인트입니다. '열심히 일한 것'이 결과의 원인이 되는 중요한 내용이니 주어 자리에 들어갈 수 있죠. 이렇게 되면 '혜택을 받게 된다'는 술부를 어떻게 처리할지가 고민이 되겠네요. '혜택' 의 뜻을 가진 명사 benefit이 동사로는 '~에게 혜택을 주다'라는 사실을 알면 문제는 쉽게 해결됩니다. 즉, Working hard will benefit you a lot.으로 완성이 되죠. 만약 If you work hard, you will get many benefits.라고 하셨다면 '열심히 일함'의 의미는 수식어로서 낮아져 가벼운 정보가 됩니다.

Ans Working hard will benefit you a lot.

01

1 그는 다락방 위에 올라와 있었고 한쪽 눈으로는 그 구멍을 응시하며 인기척이 있는지 살폈다. **2** 높은 곳에 있으니 뒷마당, 주방 문, 그 집의 북쪽 전체가 한눈에 들어왔다. **3** Ted는 엄마의 작은 쌍안경이 있었으면 했는데, 이것은 엄마가 새를 관찰할 때 사용하던 것이었다.

1
_____

_____

Tip 다락방 **loft** / 구멍 **opening** / 인기척 **signs of life** / 살피다 **scan**

2
_____

_____

Tip 높은 곳에 있기 **perch** / 뒷마당 **backyard**

3
_____

_____

Tip 쌍안경 **binoculars** / 새 관찰 **bird-watching**

'그는 다락방 위에 올라와 있었다'는 상태입니다. 이때 climb 을 쓴다면 올라가고 있는 변화를 나타내기 때문에 적절하지 않죠. He was up in the loft.와 같이 '있다'는 상태의 뜻은 be 동사로 해결하고 부사 up을 덧붙이면 됩니다. '한쪽 눈으로 그 구멍을 응시하며 인기척이 있는지 살폈다'를 and로 연결 한다면 좋은 전략은 아닙니다. 대등하게 연결하는 구조가 아 니라 부가적으로 수식하는 구조이기 때문에 이때 원어민들 은 분사구문이나 전치사 with를 활용하죠. He was up in the loft with one eye at the opening, scanning for signs of life 로 완성할 수 있겠네요.

여기서 눈여겨볼 점은 '응시하다'가 영어 문장에서는 동사 로 존재하지 않는다는 겁니다. 바로 전치사 at으로 해결하죠. 한국어 문장에서 동사의 활용이 영어에 비해 잦습니다. 앞으 로 살펴보겠지만 이를 대체할 수 있는 최선의 선택이 전치사 입니다. 그리고 '살피다'라고 할 때는 look, study, probe와 같은 많은 후보자들을 제치고 scan이 등장했죠. look은 찾기 위해서 살피는 것이고, study는 알기 위해서 살피는 것이고, probe는 정보를 알아내기 위해서는 살피는 것입니다. scan 은 샅샅이 빠르게 살피는 것으로, 위 문맥에 맞습니다.

'높은 곳에 있으니'가 이 문제의 핵심입니다. '높은 곳에 있다'는 의미를 가진 단어는 바로 perch입니다. 동사와 명사 품사를 모두 가지고 있는데요, 예를 들어 My school was perched on the top of a hill.(내 학교는 언덕 높은

곳에 있었다.)처럼 동사로도, **She watched me from her perch on the balcony.**(그녀는 발코니의 높은 위치에서 나를 쳐다봤다.)처럼 명사로도 씁니다. 그래서 '높은 곳에 있으니'를 **His perch**라는 사물주어로 쓸 수 있습니다.

His perch로 '높은 곳에 있으니'를 해결했다면 술부는 어떻게 정리할 수 있을까요? **His perch gave him a clear view of the backyard, the kitchen door, and the whole north end of the house.**는 어떤가요? 그의 높은 위치가 그에게 특정한 장소를 볼 수 있는 능력을 준다? 한국어 문장에는 없는 표현 방식이라 감히 만들어 낼 엄두를 못 냅니다. 하지만 '높은 곳에 있으니 특정한 장소가 한눈에 들어왔다'는 한국말을 나타낼 수 있는 최고의 영어 문장 구조이죠.

마지막 문장에서도 유념해야 할 구조가 또 등장합니다. 우선 가정법 wish가 필요하죠. 지금 쌍안경이 없는데 있었으면 하니까요. Ted wished he had his mom's little binoculars. 라고 할 수 있습니다. 하지만 여기서 주목할 점은 '이것은 엄마가 새를 관찰할 때 사용하던 것'이라는 쌍안경을 꾸며 주는 수식어구입니다. 한국인들은 보통 and it is what she used for bird-watching이라고 하죠. 반면 원어민들은 불필요한 개념을 반복적으로 사용하는 것을 지양합니다. 즉, it is what 은 모두 동어 반복이죠. 그 대신 동격 수식을 활용합니다. Ted wished he had his mom's little binoculars, the ones she used for bird-watching. 과 같은 식이죠.

모범답안 01 **1** He was up in the loft with one eye at the opening, scanning for signs of life. **2** His perch gave him a clear view of the backyard, the kitchen door, and the whole north end of the house. **3** Ted wished he had his mom's little binoculars, the ones she used for bird-watching. [1]

02

1 물고기들은 자신의 근육을 이용해 몸이 물결 따라 움직이게 하여 헤엄을 칩니다. **2** 꼬리를 좌우로 흔들면서 이들에게는 미는 힘이 추가적으로 생기죠. **3** 균형을 잡고 방향을 바꾸기 위해 다른 지느러미들을 이용합니다.

1

_____

Tip ~을 물결 따라 움직이게 하다 **ripple**

2

_____

Tip ~을 좌우로 흔들다 **wiggle** / 추가적인 힘 **extra push**

3

_____

Tip 지느러미 **fin**

'물고기는 헤엄을 친다'는 Fish swim. 입니다. 어떻게? '자신의 근육을 이용해 몸이 물결 따라 움직이게 하여'라는 수단의 내용이 따라오죠. 그럼 수단의 전치사 by가 이끄는 동명사구가 필요합니다. 이때 '~을 이용하여 ~을 하다'의 use A to do something의 구조와 접목되죠. 즉, Fish swim by using their muscles to ripple their bodies along. 으로 정리됩니다. 이때 ripple은 명사로 '잔물결'이라는 뜻이 있고, 동사로는 '~을 물결 따라 움직이게 하다'는 뜻을 가지죠. 위의 글에서는 부사 along을 두어 그 의미를 보강하고 있네요.

두 번째 문장이 머리가 아픕니다. 한국어 문장의 변형이 필요하다는 느낌이 와야 합니다. While they are wiggling their tails from side to side, they get extra power to push.라고 하셨나요? 내가 쓴 문장이 한국어식 영어인지 아닌지를 알아볼 수 있는 가장 좋은 방법 중 하나는 불필요한 주어가 반복적으로 쓰이는지를 확인하는 것입니다. 이 문장에 과연 they가 이렇게 많이 필요한가요? 이번에도 '꼬리를 좌우로 흔드는 것'이 '물고기에게 추가적인 미는 힘을 준다'는 식의 사고로 전환하셔야 합니다. 즉, Wiggling their tails from side to side gives them extra push.로 완성되죠. 언뜻 봐도 간결성과 논리성에 있어 확연히 업그레이드된 문장이 됩니다.

wiggling이 한국인들에게 생경한 단어일 겁니다. 하지만 외국인의 대화에서 빈번히 사용되는 동사 중 하나이죠. wiggle은 무언가를 '조금씩 까딱까딱 움직이다'란 뜻으로, 엉덩이를 실룩실룩하고 걷는다(ex. It is fun to see his hips wiggling. 그의 엉덩이가 실룩대는 것을 바라보는 것은 재미있다.)든지, 강아지가 꼬리를 살랑살랑 흔든다(ex. Ann's dog was wiggling his tail at her presence. Ann이 나타나자 그녀의 강아지가 꼬리를 살랑살랑 흔들었다.)든지 할 때 모두 wiggle을 사용합니다.

'균형을 잡고 방향을 바꾸기 위해'를 to balance and change direction이라고 하셨다면 수정이 필요합니다. 영어 문장은 동일한 기능과 무게를 가지고 있는 정보는 동일한 구조로 표현하는 것을 선호합니다. 즉, change direction이라고 했다면 keep balance라고 해야 하는 것이죠. 물론 balance도 '균형을 잡다'란 동사의 기능을 합니다. 하지만 문장의 균형을 중시하는 영어에서 적절한 선택은 아닙니다.

물고기의 지느러미를 뜻하는 영어 단어는 여러 가지가 있습니다. 우리가 수영장에서 사용하는 flipper는 바다표범, 거북, 펭귄 등이 사용하는 쌍으로 된 큰 물갈퀴를 뜻하는 단어에서 왔죠. fin은 물고기의 등이나 배에 밖으로 뻗어 나온 갈퀴로 이동이나 균형을 돕는 기능을 합니다. 상어 등에서 볼 수 있는 등 지느러미는 dorsal fin, 배 아랫부분에 있는 지느러미는 ventral fin이라고 하는 등 구체적으로 부르는 명칭도 있습니다.

모범답안 02 **1** Fish swim by using their muscles to ripple their bodies along. **2** Wiggling their tails from side to side gives them extra push. **3** They use their other fins to keep balance and change direction. [2]

03

아래의 문장을 영어로 표현하세요.

1 고학년들은 스쿨버스 뒤쪽에 있는 것으로 되어 있었지만, Dana는 Roy의 자리 뒤로 몰래 다가와 그를 급습했다. **2** Dana는 아주 유명한 멍청이였고, 그뿐 아니라 몸무게가 Roy보다 적어도 50파운드는 더 나갔다. **3** 맞서 싸웠다면 아마도 완전한 에너지 낭비였을 것이다.

1

> **Tip** 고학년 **older kids** / ~하기로 되어 있다 **be supposed to** /
> 몰래 다가오다 **sneak up** / 급습하다 **ambush**

2

> **Tip** 멍청이 **idiot** / 그뿐 아니라 **on top of which** / ~보다 무게가 더 나가다 **outweigh**

3

> **Tip** 맞서 싸우다 **fight back**

'고학년들'을 영어로 어떻게 쓸까요? high graders라고 할까요? He is a fifth-grader. (그는 5학년이다.)와 같이 사용하기는 하지만 high graders는 매우 어색합니다. 왜 그럴까요? 이유는 그렇게 쓰지 않기 때문입니다. 그 대신 older kids라는 어처구니없이 쉬운 표현이 등장하죠. 언어는 문화와 관습을 표방하기 때문에 그들이 쓰는 표현 방식을 발견할 때마다 외우는 수밖에 없습니다. 한국어 단어 의미를 그대로 영어로 바꾸면 위험할 수 있어요.

'~하기로 되어 있다'는 be supposed to, be bound to, be required to, be scheduled to와 같이 4가지 형태로 나타냅니다. be supposed to는 약속이나 믿음, 책임에 의해(ex. Parents are supposed to take care of their children. 부모는 자식을 돌보도록 되어 있다.), be bound to는 섭리와 이치에 의해(ex. They are bound to meet again. 이들은 다시 만나게 되어 있다.), be required to는 규칙과 법에 의해(ex. Students are required to enroll before September. 학생들은 9월 전에 등록하도록 되어 있다.), be scheduled to는 일정에 의해(ex. His team is scheduled to depart early May. 그의 팀은 5월 초에 출발하도록 되어 있다.) 무언가를 하기로 되어 있을 때 쓰죠. 고학년들은 일반적인 관습이나 믿음에 따라 뒤에 앉는다는 의미로 볼 수 있죠.

'몰래 다가와 그를 급습했다'에 매력적인 단어가 등장합니다. 우선 '몰래 다가와'에는 sneak up을 추천합니다. 재미있는 점은 '다가오다'를 부사 up이, '몰래'를 동사 sneak가 담당한다는 점이죠. 이런 구조는 원어민의 문장에서 빈번하게 등장하니 기억해 두세요. '급습하다'는 ambush가 어떨까요? 어떤 대상을 공격한다고 할 때는 일반적으로 attack이 쓰이지만, 몰래 숨어 있다가 갑자기 공격한다는 특정 문맥에서는 ambush를 쓰는 것이 맞죠. 유사 어휘인 assault는 공격의 폭력성을 강조할 때(ex. They have been charged with assaulting their adopted child. 그들은 입양한 아이를 폭행한 혐의로 기소되었다.) 등장합니다.

ON TOP OF THAT

'그뿐 아니라'로 가장 알려진 표현은 on top of that일 겁니다. 접속부사로 독립적으로 쓸 수도 있지만, 앞의 문장과 연결하는 구조에서는 앞 문장을 which로 받아서 on top of which라고 할 수도 있어요. 그래서 Dana was a well-known idiot, on top of which he outweighed Roy by at least fifty pounds.라고 합니다. 여기서 outweigh는 매우 유용한 단어이죠. 동사 앞에 접두사 out을 두면 '~보다 더 ~하다'란 뜻을 나타냅니다. His class outnumbers my class.(그의 반 학생 수는 우리 반 학생 수보다 더 많다.)나 A leopard outruns a deer.(표범은 사슴보다 더 빨리 달린다.)처럼요. outweigh은 위와 같이 무게가 더 나간다는 뜻도 있지만, Being healthy outweighs being wealthy.(건강이 돈보다 중요하다.)와 같이 더 중요하다는 의미도 나타냅니다.

'맞서 싸웠다면'을 어떻게 표현하셨나요? 이제 어느 정도 감이 잡히시죠.

맞습니다. 사물주어 **fighting back**입니다. 술부의 내용은 보다 세심하게

접근할 필요가 있는데요, 실제로는 맞서 싸우지 않았다는 것을 꼭 기억해야

합니다. 즉, 가정법이 필요하죠. **would have p.p.**를 활용해, **Fighting back**

would have been a complete waste of energy.라고 하면 되겠네요.

모범답안 03 **1** The older kids were supposed to stay in the back of the bus, but Dana had snuck up behind Roy's seat and ambushed him. **2** Dana was a well-known idiot, on top of which he outweighed Roy by at least fifty pounds. **3** Fighting back would have been a complete waste of energy. [3]

1 오후 햇살이 나무들 사이로 비스듬히 들어오면서 오솔길에는 밝은 빛과 어두운 그늘의 선들이 교차하고 있었다. **2** 이 밝고 어두운 구역들을 너무나 빠른 속도로 통과했기 때문에 변화하는 빛의 밝기로 인해 나는 앞을 거의 볼 수 없었다. **3** 그때 갑자기 앞을 볼 수 있는 열린 공간으로 나는 급히 빠져나왔다.

1

Tip 오후 햇살 **late sun** / 비스듬히 들어오다 **slant** / 오솔길 **trail** / 선 **streak** / 교차하는 **cross-banded**

2

Tip 구역 **patch** / 통과하다 **run through** / 빛의 밝기 **light**

3

Tip 열린 공간 **the open** / 빠져나오다 **race out**

첫 문장을 영어로 표현해야 할 경우, 종속접속사 as가 한국인의 머릿속에 먼저 떠오릅니다. **As the late sun slanted through the trees** 정도면 꽤 괜찮은 편이죠. 하지만 고수가 되고 싶다면 이 내용을 사물주어로 만들어 보려는 시도를 해야 합니다. '오후 햇살이 나무들 사이로 비스듬히 들어오는 것'의 형태로 말이죠. 이때 '~것'이라고 할 때 '있는 것'이면 **what**, '하는 것'이라면 **how**의 뜻을 내포하고 있는 **The way**를 사용할 수 있습니다. 즉, **The way the late sun slanted through the trees**로 관계사 **how**(여기서는 생략)가 이끄는 절로 **The way**를 꾸며 주는 구조를 가집니다. 글을 매우 잘 쓰는 원어민들이 선호하는 구조이죠.

'비스듬히 들어오다'에서 '들어오다'는 통과해서 들어오는 것이니 전치사 through가, '비스듬히'는 동사 slant가 담당합니다. 이것도 영어와 한국어의 주요한 차이 중 하나입니다. 예를 들어, '그의 고양이가 그를 따라 들어왔다'라고 할 때도 His cat followed him into the room.으로 전치사 into가 '들어오다'를, follow가 '따라'를 담당하게 됩니다.

slant는 '경사면'의 뜻을 가진 명사로 알려져 있지만, 동사로는 '특정한 방향으로 기울다'란 뜻이 있습니다. 유의어인 slope는 주로 수평에서 기울어질 때, slant는 수직에서 기울어질 때 쓰는 경향이 있죠. 그래서 어떤 입장이나 사상이 한쪽으로 기울어져 있다고 할 때도 His writings are slanted in favor of the colonial government. (그의 글은 식민 통치를 지지하는 쪽으로 기울어져 있다.)와 같이 slant를 씁니다.

그럼 술부의 내용은 '오후 햇살이 나무들 사이로 비스듬히 들어오는 것'이 '오솔길을 밝은 빛과 어두운 그늘의 선들이 교차하게 만든다'는 식으로 진행됩니다. 즉, **The way the late sun slanted through the trees had the trail all cross-banded with streaks of bright light and dark shade.**로 5형식 동사 **have**를 활용해 '**have + 목적어 + p.p.**'의 구조를 가지게 되죠. 여기서 '선'이라고 할 때 **line**을 떠올리신 분이 많을 겁니다. **line**은 어떤 것의 표면에 그어 놓은 선을 말하는 것이고, **streak**는 '주변과 구별되어 눈에 띄는 선'을 뜻하기 때문에 위의 문맥에는 **streak**가 필요합니다.

두 번째 문장에서 전체 구조를 이끄는 문형은 '너무 ~하기 때문에 ~하다'의 so ~ that이 좋겠네요. 즉, I ran through these bright and dark patches so fast that으로 앞부분의 틀을 잡고 that 이하에 '변화하는 빛의 밝기로 인해 나는 앞을 거의 볼 수 없었다'를 넣어 주면 됩니다. Because는 종속절의 정보 전체를 원인의 근거로 제시하지만 so ~ that은 형용사나 부사, 즉 '너무 빠른 속도로 달림'을 부각시킬 수 있는 특징이 있습니다. patch는 옷에 덧붙이는 헝겊조각 정도로 알려져 있지만, 여기서는 주변과 구별되는 조그만 영역을 의미합니다. 생각보다 훨씬 많은 문맥에서 활용이 가능합니다.

that절 이하의 문장에도 원어민은 사물주어를 씁니다. 한국인들은 I could barely see because of the brightness of changing light.라고 보통 하죠. 원어민들은 the changing light nearly blinded me라고 해서 blind를 형용사가 아닌 '~가 앞을 못 보게 하다'란 동사로 활용합니다. 여기서 light는 빛 그 자체만이 아니라 빛의 밝기도 나타낼 수 있어 brightness를 쓸 필요는 없습니다.

이런 문장 구조는 blind가 동사로 쓰이는 것을 모르면 감히 만들어 낼 수 없죠. blind는 She was blinded at the accident. (그녀는 그 사고로 실명을 했다.)와 같이 '영구적으로 눈을 멀게 하다' 란 의미로도, The sun is blinding me. (햇빛 때문에 지금 앞을 볼 수가 없어요.)와 같이 '일시적으로 앞이 보이지 않는다' 란 의미로 쓰이죠. 하지만 실제로 His obsession to success blinded him to the facts of the situation. (성공에 대한 그의 집착으로 인해 그는 상황의 실체를 보지 못했다.)와 같이 '어떤 사실이나 실체를 알거나 눈치채지 못하게 하다' 란 뜻으로 많이 쓰입니다.

RACED OUT into the open.

마지막 문장에서 가장 고민되는 부분은 '급히 빠져나오다' 인 듯하네요. I got out quickly into the open where I could see ahead.라고 하셨나요? 이렇게 해도 틀린 것은 아닙니다. 하지만 고급 문형은 아니죠. 왜냐하면 race가 동사로 '달리기를 하듯이 빠른 속도로 움직이다' 는 뜻이 있어 이 문맥에서 나타내고자 하는 급박함을 잘 표현할 수 있기 때문입니다. I raced out into the open.으로 처리할 수 있겠네요. 여기서도 '급히' 를 race가, '빠져나오다' 를 out이 담당합니다.

[1] The way the late sun slanted through the trees had the trail all cross-banded with streaks of bright light and dark shade. [2] I ran through these bright and dark patches so fast that the changing light nearly blinded me. [3] Then suddenly, I raced out into the open where I could see ahead. [4]

CHAPTER 2

|

네이티브는
부사절이 아니라 사물주어를 쓴다 2

부사절을 사물주어로 바꿀 때 유난히 자주 등장하는 문형이 있습니다. 바로 5형식이죠. 주로 '~이/가 ~하게 하다'는 구조를 가지는데, '어떻게 하게 하는지'에 따라 다양한 동사를 쓸 수 있습니다. 우선 도움을 주어 하게 하면 help(ex. The program helps students learn new things. 이 프로그램을 통해 학생들은 새로운 것을 배울 수 있다.), 원인을 제공하여 하게 하면 make나 cause(ex. Cold weather made him sick. 추운 날씨로 인해 그가 아팠다.), 계속하게 하면 keep(ex. Exercise will keep you healthy. 운동을 하면 당신을 건강을 유지할 수 있습니다.), 가능하게 하면 enable(ex. The steam engine enabled workers to run machines. 증기엔진으로 노동자들은 기계를 돌릴 수 있었다.) 등의 5형식 동사를 활용할 수 있죠.

01

아래의 문장을 영어로 표현하세요.

가뭄이 길어지자 그들은 마을을 떠났다.

▶

Tip 가뭄 **drought**

일단 '가뭄이 길어지자'를 주어로 하는 5형식 문장을 만들 수 있겠네요. 그런데 '길어지다'에 어떤 단어가 맞는지 감이 잘 오지 않습니다. 일반적으로 알려진 lengthen은 Why don't you lengthen your skirt? (스커트 길이를 좀 늘리는 것이 어떨까요?)와 같이 단순히 길이를 길게 만든다는 뜻으로, 여기에는 적절하지 않습니다. 가뭄이 끝나야 하는데 끝나지 않고 있는 상황이므로, 시간이 길어진다는 뜻의 prolong이 들어갈 자리입니다. draught를 꾸며 주는 과거분사로 바꿔 A prolonged draught made them leave the village.라고 하면 좋겠네요. 길어진 가뭄이 그들을 떠나게 한 원인이므로 make를 사용했습니다. make는 '원인' 외에도 '강제'의 의미 (ex. The heavy workload made him stay late. 일이 너무 많아 그는 늦게까지 남아 있었다.)도 나타낼 수도 있죠.

Ans A prolonged drought made them leave the village.

02

돈을 잘 활용하면 당신은 부자가 될 수 있다.

▶

Tip 올바른 **wise** / 활용 **use**

'돈을 잘 활용하면'을 영어로 표현할 때 If you use money well이라고 쓰는 한국인들이 많습니다. 하지만 여기까지 책을 읽으신 분이라면 이 부사절을 사물주어를 만들고자 하실 겁니다. 그런데 어떻게 영어로 바꿀지가 막막하죠. Using money well이 최선일까요? **The wise use of money는 어떤가요? wise를 '현명하다'로만 알고 있다면 이런 표현은 나오기 힘들죠. 영영사전은 wise를 '경험과 이해를 바탕으로 좋은 판단을 할 수 있는 능력'이라고 설명하고 있습니다. 이 문맥에 딱 맞는 단어 선택이죠.** '부자가 되는 것'을 가능하게 해 준다는 의도이기 때문에 5형식 동사 enable이면 되겠네요. The wise use of money can enable you to be rich.로 완성됩니다.

Ans The wise use of money can enable you to be rich.

03

날 수 있기 때문에 새들은 포식자를 피할 수 있다.

●

Tip 피하다 **avoid** / 포식자 **predator**

'날 수 있기 때문에'를 being able to fly로 쓰면 좋을 듯합니다.

'할 수 있다'는 뜻의 be able to와 can을 헷갈려 하시는 분이 있는데요, 이 둘은 뉘앙스가 다릅니다. I cannot eat now.는 먹을 수는 있지만 먹지 않는 것이고, I am not able to eat.은 수술을 했거나 기타 물리적인 이유로 인해 정말 먹을 수 없는 것입니다. 위 문장은 날 수 있는 물리적인 능력을 의미할 뿐 아니라, 구조적인 측면에서도 be able to만이 동명사구를 만들 수 있죠. '포식자를 피하는 것'을 용이하게 해 주었으니 help를 사용해, Being able to fly helps birds avoid predators. 라고 하면 좋을 듯합니다. avoid 대신 stay away from을 쓰신 분도 있을 겁니다. stay away from은 주로 나쁜 영향을 미칠 수 있는 대상으로부터 피한다는 뉘앙스가 강해 He warned me to stay away from her. (그는 나에게 그녀를 멀리하라고 경고했다.) 와 같이 쓰입니다.

Ans Being able to fly helps birds avoid predators.

이로 인해 선박을 부두에 묶어 둔 끈이 끊어질 수 있다.

⏵

Tip 끊어지다 **break loose** / 부두 **dock**

'이로 인해'는 앞 문장의 내용을 근거로 제시하는 구조입니다. 이 경우 앞 문장을 대명사 it이나 this 등으로 받고, 원인을 나타낼 수 있는 cause나 make를 동사로 쓰는 것이 원어민의 문장입니다. because of this와 같은 부사구는 쓰지 않습니다. 이 외에도 '묶어 둔 끈이 끊어진다'는 break를 2형식 동사로 '(부서지면서) ~이 되다'로 쓰고, 주격 보어 자리에 loose를 둔다는 것도 알아야 합니다. It can make the boat break loose from the dock.로 완성할 수 있죠. '~이 되다'는 가면서 되면 go (ex. something is going wrong. 무언가 잘못되어 가고 있다.), 오면서 되면 come (ex. I am certain your dream will come true. 너의 꿈이 실현될 것이라고 나는 확신한다.), 바뀌면서 되면 turn (ex. He has turned silent. 그가 조용해졌다.), 커지면서 되면 grow (ex. She grew bored of her life. 그녀의 삶이 점점 지루해졌다.)와 같이 되는 방식에 따라 다양한 단어를 쓸 수 있습니다.

Ans It can make the boat break loose from the dock.

01

아래의 문장을 영어로 표현하세요.

1 Ted는 또한 농장 주변 아빠 곁에서 일하며 시간을 보냈고, 모든 가족은 매일 저녁 식사를 함께 했습니다. **2** 그리고 신문 배달을 하면서 Ted는 마을의 거의 모든 다른 사람과 알고 지냈죠. **3** 외로움을 느낄 만한 시간이 그렇게 많지 않았어요.

1 _____

_____

Tip ~을 하면서 시간을 보내다 **spend time -ing** / 곁에서 **side by side**

2 _____

_____

Tip ~을 배달하다 **deliver** / ~와 알고 지내다 **be in touch with**

3 _____

_____

Tip 외로움을 느끼는 **lonely**

첫 문장의 전체 틀을 spend time -ing로 잡고, Ted also spent time working side by side with his dad around the farm.으로 전반부를 해결할 수 있습니다. side by side는 '나란히' 혹은 '곁에서'의 뜻을 가진 관용구로 부사의 역할을 합니다. 이 외에도 긍정적인 측면을 보라는 의미로, Please look on the bright side라든지, 좌우로 계속 움직인다는 의미로, The boat was so small that it rolled from side to side.(배가 너무 작아서 좌우로 흔들렸다.)와 같은 관용표현을 가지고 있죠.

후반부는 the whole family ate dinner together every night 으로 정리되네요. 여기서 한 명도 빠지지 않은 전체를 강조하기 위해 whole이 등장합니다. 전체라고 하면 whole 외에도 entire, collective, total 등의 단어가 있습니다. entire는 whole보다 전체성을 더 강하게 강조해서 He had downed an entire bottle of beer before I set up the table.(그는 내가 상을 차리기도 전에 맥주 한 병을 한 방울도 남기지 않고 다 마셨다.)처럼 쓰죠. collective는 개인이 아닌 집단을 나타내는 전체로, He resigned in keeping with the collective decision of the board of directors.(이사회의 전체 결정에 따라 그는 사임했다.)처럼 씁니다. total은 부분을 합친 전체라는 뜻으로, The total cost of our journey was over 5,000 dollars.(우리 여행의 전체 비용은 5,000달러를 넘었다.)처럼 쓰죠.

두 번째 문장에서 이 연습문제의 핵심 내용이 나옵니다. '신문 배달을 하면서'를 While he delivered the newspapers라고 하면 안 되겠죠? 신문 배달로

인해 Ted는 마을 사람들과 알고 지내게 된 것이니 중요한 정보입니다. 일단 **delivering the newspapers**로 주어를 바꾸고 나면 술부의 동사 선택에 신중해야 합니다. 성급하게 **make**로 쓰지 마시고, 반드시 **keep**을 선택지에 올려 두고 저울질해야 합니다. 일정 기간 알고 지낸 것이니 당연히 **keep**이 필요한 문맥으로, **Delivering the newspapers kept Ted in touch with almost everyone else in town.**이라고 하면 좋겠네요.

'알고 지내다'는 영어로 나타내기 정말 까다로운 표현입니다. 우선 어쩌다 한 번씩 연락하면서 알고 지낸다면 keep in touch with (ex. Have you kept in touch with your ex-husband? 전남편과 연락하고 지내나요?)를 활용합니다. 하지만 어렵게 애써서 연락하고 지낸다면 maintain contact with (ex. They maintained contact with their original communities. 그들은 고향 마을과 연락을 유지하고 있었다.)로 나타낼 수 있습니다. 예전에 몇 번 만나서 알고 지내는 사이라면 be acquainted with (ex. I am not personally acquainted with this man. 저는 이 남자와 개인적으로 친분이 없습니다.)라고 할 수도 있죠.

마지막 문장에는 동사 leave가 필요합니다. 보통 '5분밖에 안 남았어요'라고 할 때 We have only five minutes left.라고 하죠. 즉 '외로움을 느낄'을 부정사로 나타내, There wasn't much time left over to feel lonely.라고 하면 완성할 수 있겠네요. over는 부사로서 남긴다는 의미를 더 확실하게 해 주는 기능을 할 수 있죠.

모범답안 01　**1** Ted also spent time working side by side with his dad around the farm, and the whole family ate dinner together every night. **2** And delivering the newspapers kept Ted in touch with almost everyone else in town. **3** There was not much time left over to feel lonely. [5]

아래의 문장을 영어로 표현하세요.

1 하지만 그가 방향을 바꾸니 속도는 줄어들었고, 이제 비행기의 머리가 호수에 잠겼다. **2** 그가 핸들을 약간 잡아당기자 비행기 머리가 위로 올라왔다. **3** 이로 인해 비행기의 속도는 급작스럽게 줄었고, 비행기는 마치 공중에서 멈춰서 뒹구는 것만 같았다.

1

___

Tip 방향 바꾸기 **turn** / 비행기 머리 **nose**

2

___

Tip 핸들 **the wheel** / 잡아당기다 **pull back**

3

___

Tip 속도가 줄다 **slow** / 뒹굴다 **wallow** / 공중에서 **in the air**

첫 문장을 But the speed decreased as he changed direction and the nose sank under the lake.라고 했을 가능성이 높죠. 하지만 원어민은 But the turn cost him speed and now the lake was above the nose.로 한국인의 사고방식으로는 생각해 내기 힘든 구조를 만들어 냅니다. 여기서 'cost+간접 목적어+직접 목적어'의 구조를 썼다는 것이 신의 한 수이죠. cost는 '~이/가 ~을 잃게 만들다'는 뜻이 있습니다. 예를 들어, The mistake cost him his job.(이 실수로 그는 직업을 잃었다.)이라고 할 수 있습니다. 여기서는 방향 전환이 그에게서 속도를 잃게 했다는 구조를 가지게 됩니다.

'머리가 호수에 잠겼다'는 the lake was above the nose와 같이 전치사구로 처리할 수 있습니다. 한국어에서는 물 아래로 잠깐 잠기든, 호수 바닥 아래로 깊이 잠기든 모두 '잠기다'라는 동사를 씁니다. 하지만 영어의 sink는 호수 바닥까지 잠기는 경우에만 씁니다. 그렇다면 잠깐 잠기는 것은 어떻게 표현할까요? 전치사가 최선의 답이 될 수 있습니다. 즉, 호수가 비행기 머리 위로 올라가 있다는 것으로 이 상황을 설명할 수 있죠.

두 번째 문장에는 '잡아당기다'라는 의미의 pull back, '위로 올라왔다'라는 의미의 come up과 같은 구동사가 등장합니다. He pulled back on the wheel slightly and the nose came up.으로 완성되네요. 여기서 and의 활용에 주목할 필요가 있습니다. and의 뜻을 '그리고'로만 알고 있으면 오산입니다. and는 위 문장과 같이 '~의 결과로'(ex. There was a flood and the village is under water now. 홍수가 나서 마을이 지금 물에 잠겼다.) '~하고 나서'(ex. He opened the window and let fresh air into the room. 그는 창문을 열어 맑은 공기가 들어오게 했다.), '그렇게 하면'(ex. Work hard, and you will succeed. 열심히 해. 그렇게 하면 성공할 거야.)와 같은 의미를 나타낼 수 있습니다.

세 번째 문장의 '이로 인해'를 보니 우리가 앞에서 배운 것을 왠지 활용할 수 있을 듯하네요. 앞 문장 전체를 원인으로 받는 구조로 This caused the plane to slow dramatically.로 전반부는 쉽게 해결할 수 있습니다. '속도가 급작스럽게 줄다'에 굳이 speed를 쓸 필요는 없습니다. slow 자체가 '속도를 줄이다'란 뜻이니까요. '속도를 높이다'라고 할 때는 speed를 동사로 써서 speed up이라고 합니다.

후반부는 '마치 ~인 듯하다'를 'seem + to 부정사'의 구조를 가져와 almost seem to stop and wallow in the air로 표현하면 좋을 듯합니다. '뒹굴다'란 단어는 여러 맥락을 가집니다. 중심을 잃고 뒹굴 때는 tumble(ex. You may lose your balance and tumble down the stairs. 당신은 균형을 잃고 계단 아래로 뒹굴 수도 있어요.), 단순히 원을 그리며 뒹굴 때는 roll(ex. His pen rolled off the table. 그의 펜이 테이블에서 굴러 떨어졌다.), 제자리가 아닌 곳 여기저기를 굴러 다닐 때는 lie around(ex. Have you seen my shirt lying around? 여기 굴러 다

니던 내 셔츠 봤어요?)라 하죠. wallow는 주로 동물들이 축축한 땅, 모래, 물 등에서 뒹굴 때 사용하는 단어로, 호수에서 허우적대고 있는 비행기를 은유적으로 표현한 것이라고 볼 수 있습니다.

모범답안 02 **1** But the turn cost him speed and now the lake was above the nose. **2** He pulled back on the wheel slightly and the nose came up. **3** This caused the plane to slow dramatically and almost seem to stop and wallow in the air. [6]

03

1 손전등을 비추자 그는 처음으로 지하실 주변 실제 모습을 볼 수 있었다. 발에 걸려 넘어질 뻔했던 나무로 된 상자도 보였다. **2** 주변을 넓게 둘러 비추니 깨진 유리 용기, 줄지어 있는 페인트 통, 수많은 거미줄이 보였다. **3** 바닥이 흙으로 되어 있어 지하실은 축축하고 퀴퀴한 냄새가 났다.

1
_____

_____

Tip 손전등 **flashlight** / 상자 **crate** / ~에 발이 걸려 넘어지다 **trip on**

2
_____

_____

Tip 유리 용기 **Mason Jar** / 줄지어 있는 **a row of**

3
_____

_____

Tip 축축한 **damp** / 퀴퀴한 **musty**

'손전등을 비추다'는 영어로 shine a flashlight라고 합니다. shine은 밝은 빛을 낸다는 뜻으로 1형식(ex. The light was shining from every door. 각 집마다 전등이 빛나고 있었다.)뿐 아니라, 횃불이나 등과 같은 것을 특정한 장소에 비춰 밝힌다는 뜻으로 3형식(ex. He shone his torch around the cave. 그는 횃불로 동굴 주변을 비췄다.) 문장을 만들 수 있죠. 그렇다면 위 문장을 As he shone his flashlight 으로 시작해야 할까요?

우선 구조부터 살펴봐야 합니다. 손전등으로 인해 그가 실제 모습을 보게 되었죠. 이번에도 '손전등이 그로 하여금 실제 모습을 볼 수 있게 해 주었다'의 구조가 맞습니다. 영어로 바꿔 보면 The flashlight let him have his first real look around the basement.로 쓸 수 있겠죠. 손전등이 그가 실제 모습을 볼 수 있게 허락해 주었다? 한국어에서는 있을 수 없는 사고방식이라 쉽게 만들어 낼 생각을 못합니다. 여기서 손전등은 당연히 빛을 비추는 것이니 동사 shine을 굳이 쓸 이유도 없죠.

'~을 보다'라고 할 때 see, look, watch가 있는데, 쓰이는 문맥이 다르죠. see는 시각을 통해 인지하거나 이해했다고 보시면 됩니다. watch는 움직임을 자세히 관찰하며 본다는 뉘앙스가 있죠. 눈을 옮겨서 적극적으로 무언가를 볼 때는 반드시 look을 써야 합니다. 특히, look은 위와 같이 동사가 아닌 명사로 쓰이는 경우가 잦기 때문에 have a look이나 take a look에 익숙해지는 것이 좋습니다. look은 '보기' 외에도 '찾기'의 뜻도 있어 I had a look, but I couldn't find my key. (찾아봤지만 열쇠를 찾을 수 없었다.)라고도 할 수 있죠.

'넘어지다'에는 trip이 등장합니다. 명사로 '여행'의 뜻을 가진 단어가 동사로 '넘어지다'란 의외의 뜻이 있죠. He saw the wooden crate he had almost tripped on.으로 정리가 되네요. 상자로 쓰인 crate는 보통 나무나 플라스틱 등으로 만들어져 무거운 물건들을 옮기는 용도로 쓰이는 상자를 말합니다. 말하고 있는 기준이 되는 과거 시점 이전에 발생한 일이므로 had + p.p.의 과거완료형도 필요하네요.

trip 외에도 '넘어지다'는 stumble, lose one's footing, slip 등의 단어를 쓸 수 있죠. trip은 위와 같이 뭔가에 발이 걸려 넘어질 때 씁니다. stumble은 발을 헛디디거나 힘이 풀려 넘어질 때(ex. Don't cry even when you stumble. 넘어져도 울면 안 된다.), lose one's footing은 균형을 잃어 넘어질 때(ex. He lost his footing. 그는 균형을 잃고 넘어졌다.), slip은 미끄러져 넘어질 때(ex. We slipped together on the ice. 우리는 빙판 위에서 함께 넘어졌다.) 각각 쓰입니다.

'주변을 넓게 둘러 비추니'에서 주목해야 할 중요한 표현이 나옵니다. 바로, in a wide arc인데요. 큰 원호를 그리는 모습이 연상되죠. 분사구문의 구조로 Shining the light in a wide arc로 우선 시작하는 것이 좋겠네요. '깨진 유리 용기'를 broken Mason Jars, '줄지어 있는 페인트 통'을 a row of paint cans, '수많은 거미줄'을 a lot of spiderwebs로 하면 좋을 듯합니다. Mason Jar는 상표명에서 온 단어로, 뚜껑이 달린 보관용 유리병을 말하죠. a row of는 한 줄로 서 있는 모양을 나타내며, His team won the championship three years in a row.(그의 팀은 3년 연속 우승했다.)와 같이 한 줄을 서듯이 연속으로 발생했다는 뜻도 있습니다.

세 번째 문장에서도 사물주어가 등장합니다. 흙으로 된 바닥이 지하실에 축축하고 퀴퀴한 냄새를 주었다는 구조를 만들죠. The dirt floor gave the place a damp, musty smell.은 어떤가요? 지하실을 the place로 쓴 것에 주목해야 합니다. 영어는 같은 단어를 반복해서 사용하는 것을 좋아하지 않죠. place 앞에 the를 붙이면 앞에서 언급한 특정한 장소가 되기 때문에 basement를 대신할 수 있죠. 냄새를 동사가 아닌 명사로 나타내 damp, musty smell이라고 쓴 것도 눈여겨봐야 합니다.

모범답안 03 **1** The flashlight let him have his first real look around the basement. He saw the wooden crate he had almost tripped on. **2** Shining the light in a wide arc, he saw some broken Mason Jars, a row of paint cans, and lots of spiderwebs. **3** The dirt floor gave the place a damp, musty smell. [7]

1 내가 한 일은 그저 가족을 위해 고기를 얻은 것, 아버지가 그랬던 것처럼 달리고 있는 그것에 총을 쏜 것이다. **2** 나는 Jumper(당나귀 이름) 등에 묶어 놓은 이 내장을 꺼낸 암컷 사슴을 앞에 두고 앉은 채 오두막 쪽을 향해 갔다. **3** 움직이고 있는 사슴을 이런 식으로 한방에 보내다니, 내가 왠지 더 자란 그리고 더 중요해진 것 같은 생각이 들었다.

1

_____

Tip ～에 총을 쏘다 **shoot** / 달리고 있는 **on the run**

2

_____

Tip 묶다 **tie** / 내장을 꺼낸 **gutted** / 암컷 사슴 **doe** / 오두막 **cabin**

3

_____

Tip 움직이고 있는 **moving** / 한방에 보내다 **make a killing shot** / 자란 **big**

'내가 한 일은 그저 ~에 불과하다'는 All I do is ~가 가장 적당하죠. '내가 아는 것은 그저 ~예요'는 All I know is로 응용할 수도 있어요. 이때 술부는 '~하는 것'으로 부정사구를 쓰지만 to가 생략되는 경우가 있습니다. 기준 시점이 과거이므로 All I had done was get meat for the family, shooting it on the run, just like Papa did.로 완성되죠. 이것은 대등 접속사 and로 연결된 문장이 분사구문으로 바뀐 형태입니다. 내용을 덧붙여 부연 설명을 할 때 원어민들이 가장 선호하는 구조이죠. '달리고 있는'은 on the run이란 전치사구로, '아버지가 그랬던 것처럼'은 like를 전치사가 아닌 접속사로 써서 like Papa did라고 했습니다.

'~을 향해 가다'라고 하면 한국인의 머릿속에는 go to가 먼저 생각납니다. 어떤 수단을 타고 가면 ride를, 걸어서 가면 walk를, 날아서 가면 fly, 헤엄쳐서 가면 swim을 쓸 수 있다는 가능성을 알아 두어야 해요. 위의 주인공은 당나귀를 타고 가는 것이니 ride toward를 쓰는 것이 좋겠죠. toward는 to와 달리 방향성과 이동성을 부각시키는 성격이 강하죠. toward 뒤에 s를 붙이는 경우도 있는데, 이것은 주로 영국 영어에서 볼 수 있는 특징입니다.

'Jumper 등에 묶어 놓은 이 내장을 꺼낸 암컷 사슴을 앞에 두고 앉은 채'는 부연 설명이니 이번에도 분사구문이 좋겠네요. I rode toward the cabin, sitting behind the gutted doe that I had tied across Jumper's back.으로 완성됩니다. 사슴의 뜻을 가진 단어는 deer, doe, buck, fawn, venison이 있죠. deer은 일반적인 사슴, doe는 암사슴, buck는 수사슴, fawn은 어린 사슴, venison은 고기로 쓰는 사슴입니다. gutted는

극도로 불행하고 처참한 상태를 표현하는 형용사이죠.

'묶다'라고 할 때 tie 외에도 chain, knot, strap, bind 등의 단어가 있습니다. chain은 말 그대로 체인으로 묶는 경우, knot는 매듭을 지어 묶는 경우, strap은 가죽끈으로 묶는 경우이죠. bind는 '묶다'라고 할 때 가장 폭넓게 쓰일 수 있는 단어로, He bound the boxes with ribbon. (그는 리본으로 박스를 묶었다.) 과 같은 물리적인 묶음 이외에도 Humans are bound to die. (인간은 죽게 되어 있다.)와 같이 추상적인 개념으로도 쓸 수 있습니다. 이외에도 족쇄의 뜻을 가진 fetter도 동사로 쓰여 족쇄를 채우다(ex. The bodies lay fettered on the ground. 시체들은 족쇄를 찬 채 바닥에 누워 있었다.)란 뜻 외에도 구속되거나 속박된다는 뜻(ex. She felt fettered by such stereotypes. 이런 식의 고정관념들이 그녀의 목을 죄는 것 같았다.)으로도 쓰인답니다.

마지막 문장은 전체적인 구조 변경이 필요하죠. '움직이고 있는 사슴을 이런 식으로 한방에 보낸 것'으로 주어를 만들어, **making a killing shot like that on a moving deer**라고 하죠. **making a killing shot**은 스포츠 경기에서 공을 한방에 쳐서 득점을 한 경우에 쓰는 표현으로 여기서도 유사한 뉘앙스를 가집니다.

술부는 **made me feel bigger and more important**로 제안합니다. '생각이 들었다'고 하면 한국인들은 **think**가 자연스럽게 생각납니다. 하지만 원어민의 글에는 **feel**이 의외로 많이 등장하죠. **think**는 의견을 나타내는 생각이라면 **feel**은 이유 모를 느낌상의 생각입니다. **big**은 단순히 크다는 의미 외에 위와 같이 '어른이 되었음'을 뜻하는 경우도 있습니다. 또한 '영향력이 있고 중대하다'란 뜻(ex. **It is a big decision for my future life.** 앞으로의 내 삶에 중대한 결정이다.)도 있죠.

> 모범답안 04   **1** All I had done was get meat for the family, shooting it on the run, just like Papa did. **2** I rode toward the cabin, sitting behind the gutted doe that I had tied across Jumper's back. **3** Making a killing shot like that on a moving deer made me feel bigger and more important. [8]

CHAPTER 3

네이티브는 위치, 상태의 전환을
동사 아닌 전치사로 표현한다

한국인들은 위치 이동과 상태 전환을 동사에 의지합니다. 하지만 영어에서는 전치사로 해결되는 경우도 많습니다. 예를 들어, '토끼 한 마리가 굴에서 나왔다'고 할 때 A rabbit came out of a burrow.라고 하죠. 여기서 위치 이동은 out of가 담당합니다. 위치 이동만 아니라 상태 전환도 전치사가 의미를 전달할 수 있죠. 예를 들어, '당근을 잘라 작은 정육면체로 만드세요'를 Chop the carrot into small cubes.라고 합니다. 반면 한국인들은 Chop the carrot and make them small cubes.와 같이 동사를 쓰려고 하죠. 이런 식의 구조를 만들어 내는 대표적인 전치사로는 down, up, into, out of, around, through 등이 있어요. 이 장에서는 이런 전치사 구조를 깊이 있게 살펴볼까 합니다.

01

아래의 문장을 영어로 표현하세요.

그는 주차된 차들 옆을 휙 지나 나를 차에서 내려 줬다.

●

Tip 주차된 **parked** / 차에서 내려주다 **drop off**

'무언가를 휙 지나가다'라고 할 때 '휙'을 동사 whip, '지나가다'를 전치사 past가 담당합니다. **He whipped past parked cars and dropped me off.**와 같이 말이죠. whip은 명사로 '채찍'을 뜻하지만, 동사로는 채찍을 치듯이 '빠르고 격렬하게 움직이다'란 뜻이 있어요. 이와 유사한 단어로 flash가 있습니다. '섬광'으로 알려져 있지만, 섬광이 비치듯이 '순식간에 이동하다'란 동사의 뜻도 있죠. 시선을 사로잡으며 휙 지나가는 문맥이므로 whip이 더 맞습니다. 옆을 지나가면 past, 가로질러 지나면 across, 통과해서 지나면 through로 다변화할 수 있어요. '차에서 내려 주다'는 drop someone off라고 하죠. 차에서 떨어트려 내보낸다는 의미로, 행선지가 따로 있고 중간에 사람을 내려 줄 때 사용하는 표현입니다. 참고로 목적어 없이 drop off만 쓰면 '졸다'(ex. Are you dropping off? 너 조는 거야?)와 '줄어들다'(ex. The membership is dropping off. 회원수가 줄어들고 있다.)의 뜻을 가집니다.

Ans He whipped past parked cars and dropped me off.

02

산소는 물에서 나와 물고기의 혈액 속으로 들어갑니다.

▶

Tip 산소 **oxygen** / 혈액 **blood**

'~에서 나와 ~로 들어간다'만 해결하면 이 문제의 9할은 완성된 겁니다. 과연 어떻게 만들어 낼 수 있을까요? come out of the water and go into the blood일까요? '들어가고 나오는 것은 전치사 out of와 into로 처리했으니 훌륭해'라 만족하고 계신가요? **사실 위 문장은 동사 pass를 쓰는 것이 핵심입니다. pass from A into B의 관용화된 구조가 있죠. Oxygen passes from the water into the fish's blood라고 합니다. pass를 단순히 '건네 주다'로 기억하고 있다면 위 문장을 만들 수 없죠. Pass의 핵심은 '통과'입니다.** 좁은 통로를 통과(ex. The aisle is so narrow that no one can pass. 통로가 좁아서 누구도 지나갈 수가 없다.)하거나 시험을 통과(ex. Did you expect that you could pass the first time? 첫 번째 시도에서 통과할 거라고 기대했나요?)하는 것뿐 아니라, 특정 공간에서 다른 공간으로 혹은 특정 상태에서 다른 상태로 들어갈 때도 pass를 씁니다. He has passed from infancy to early childhood.(그는 유아기를 지나 아동기 초반으로 들어갔어요.)라고 할 수 있는 거죠.

Ans Oxygen passes from the water into the fish's blood.

강아지들은 복도로 내달리더니 테이블 주변을 정신없이 돌아다녔다.

▶

Tip 강아지 **puppy** / 복도 **hallway**

'복도를 내달리다,' '정신없이 돌아다녔다' 등 한국인에게 막막한 표현으로 가득합니다. 우선 정신없이 급박하게 돌아다니는 이런 뉘앙스를 담은 단어를 찾아야 하겠죠. 먼저 '움직임'을 단순히 move로만 알고 있다면 답은 나오지 않습니다. 활기차게 움직이면 bounce (ex. He bounced in, full of excitement. 그는 흥분에 차 안으로 들어왔다.), 한 방향으로 급히 움직이면 dash (ex. Baby turtles dash down to the sea after hatching. 부화 후 새끼 거북이들은 바다로 돌진한다.), 정신없이 움직이면 rush (ex. I will not rush into any decisions. 나는 성급히 결정 내리지 않겠다.)를 씁니다. 위 문장에서는 rush가 필요하겠죠. **이때 지원 사격을 할 동사의 의미를 담당하는 전치사는 down과 around가 좋습니다. 즉, The puppies rushed down the hallway and around the table.이라고 하면 되죠. 전치사 down은 '아래 저 멀리'라는 뜻이 있어 '내달리다'를, around는 '돌아다니다'를 담을 수 있습니다.**

Ans The puppies rushed down the hallway and around the table.

04

아래의 문장을 영어로 표현하세요.

바닥에서 먼지가 일어나 내 입으로 들어 왔다.

Tip 먼지 **dust**

'바닥에서 먼지가 일어나다'에 rise를 쓰셨나요? 단어를 그대로 옮기기보다는 일어나고 있는 상황을 분석해 볼 것을 권합니다. 먼지가 바람에 의해 바닥에서 떨어져 움직일 때 우리는 먼지가 일어난다고 하죠. **'바람'과 '떨어짐'을 blow와 off를 써서, Dust blew off the floor라고 하면 됩니다.** blow는 대기 중의 이동을 뜻합니다. 이 이동이 빠른 속도로 진행되면 fly (ex. With the blast last night, glass flew across the office. (어젯밤 폭발로 유리 파편들이 사무실 여기저기에 쏟아졌다.), 이 이동이 편안하고 능숙하면 float (ex. The sound of a beautiful music was floating out of his room. 아름다운 음악 선율이 그의 방에서 흘러나왔다.)를 쓰면 됩니다. **'내 입으로 들어왔다'는 앞에서 언급했던 into로 간단히 해결되네요.** Dust blew off the floor and into my mouth.로 완성할 수 있습니다.

Ans Dust blew off the floor and into my mouth.

01

1 조용히 우리는 카누를 숨겨 놓은 장소로 이어진 길을 따라 마을을 줄지어 빠져나갔다. **2** 달빛은 점점 옅어 지고 있었고 동쪽에서는 희미한 빛이 보였지만, 강한 바람이 불기 시작했다. **3** 그에게 따라잡혔을 때 우리는 1.5마일도 안 되는 거리를 이동한 상태였다.

1

_____

_____

Tip 이어진 **lead toward** / 길 **trail** / 줄지어 빠져나가다 **file out of**

2

_____

_____

Tip 옅은 **pale** / 희미한 **faint**

3

_____

_____

Tip 따라잡다 **overtake** / 1.5마일 **half a league** / 안 되는 **no farther than**

첫 문장의 '줄지어 빠져나갔다'에서 '빠져나가다'는 전치사 **out of**가, '줄지어'는 동사 **file**이 해결합니다. file은 동사로 '자료 등을 잘 정리해 두다'란 뜻으로 We file all the reports alphabetically. (우리는 모든 보고서를 알파벳 순서로 정리해 둡니다.)라고 하죠. 이와 같은 맥락에서 '줄지어 이동하다'도 We filed out of the village along the trail that led toward the place where our canoes were hidden.과 같이 쓸 수 있습니다.

'길'을 trail이라고 한 것을 보면 이곳은 산골에 있는 작은 마을인 듯싶습니다. '길'이라고 하면 way, trail, road, street, track, path 등 많은 단어가 있죠. trail은 우선 산에 있는 작은 오솔길 정도로 생각하시면 됩니다. road는 고속도로같이 차들이 쌩쌩 달리는 길입니다. street은 도심의 빌딩 숲 사이의 길을 말하죠. track은 비포장 길을 말합니다. path는 사람이 걷거나 어떤 것이 이동하여 만들어진 길(ex. Houses in the path of a hurricane suffered serious damages. 허리케인이 지나간 자리의 집들이 심각한 피해를 입었다.)을 뜻하죠. way는 찾아가는 길(ex. He has even forgotten the way to his home. 그는 자기 집 가는 길도 잊어버렸다.)을 말합니다.

두 번째 문장의 '달빛은 점점 옅어 지다'는 2형식 동사 grow가 필요한 자리네요. grow에는 '~이 되다'란 뜻이 있습니다. become은 단순히 되는 거라면 grow는 정도나 수준이 점점 커지면서 되는 경우에 씁니다. 예를 들어 He was growing angry. (그는 점점 화가 북받쳤다.)라고 하면 화의 정도가 점점 커지고 있음을 나타낼 수 있죠. 위 문장은 The moon was growing pale. 이라고 할 수 있겠네요. pale은 '창백하다'란 뜻(ex. She always looks pale. 그녀는 항상 창백해 보여.) 외에도 '색이나 빛이 엷어지다'란 뜻도 있습니다.

'~이 되다'의 뜻을 가진 2형식 동사는 이외에도 turn, run, fall, break 등 많은 단어가 있습니다. turn은 바뀌면서 되는 것(ex. He has suddenly turned cold. 그는 갑자기 차가워졌다.), run은 가속도가 붙으며 빠르게 되는 것(ex. The gap between us runs deep. 우리 사이의 골이 깊어 간다.), fall은 떨어지듯이 갑자기 되는 것(ex. He fell asleep as soon as I started reading a book. 내가 책을 읽어 주자 그는 바로 잠이 들었다.), break는 부서지면서 되는 것(ex. I want to break free. 나는 자유롭고 싶어.)이므로 문맥에 맞춰 단어를 선택해야 합니다.

'달빛이 엷어 지고, 동쪽에서 희미한 빛이 보인다'는 문장에서 유념할 것이 있죠. '동쪽에서 희미한 빛이 보인다'고 하여, we saw a faint light in the east나 a faint light was seen in the east라고 하는 게 아니라 there was a faint light in the east라고 한다는 점이에요. 첫 번째 문장은 다른 사람이 아닌 '우리'가 봤다는 것을 분명하게 할 때, 두 번째 문장은 수동의 의미를 표현하고 싶을 때 씁니다. 단순히 동쪽에 희미한 빛이 있다는 사실일 때는 세 번째 문장이 맞죠. '희미한'의 faint는 무엇이든 명확하고 분명하지 않으면 다 쓸 수 있습니다. 예를 들어, sound(소리), smell(냄새), smile(미소), hope(기대), chance(기회), light(빛) 등 모두 faint로 수식할 수 있어요.

마지막 문장에서는 '~한 상태다'를 완료시제로 표현할 수 있다는 점이 중요합니다. We had gone no farther than half a league when we were overtaken by him. 으로 완성되죠. 여

기서 had + p.p.를 사용함으로써 그 시점의 완료된 상태를 표현할 수 있어요. league는 3마일 정도를 뜻하는 거리 측정 단위인데 half a league라고 하면 1.5마일이 됩니다. '따라잡다'에 catch up이 아니라 overtake가 쓰였네요. 그 이유는 훨씬 더 빠른 속도로 앞의 차량이나 사람을 따라잡았기 때문입니다. catch up은 보통 뒤처진 상황에서 같은 수준으로 따라잡을 때 쓰입니다.

모범답안 01 1 Quietly we filed out of the village along the trail that led toward the place where our canoes were hidden. 2 The moon was growing pale and there was a faint light in the east, but a strong wind began to blow. 3 We had gone no farther than half a league when we were overtaken by him. [9]

02

1 애벌레가 부화되면 커질 수 있을 만큼 커질 때까지 잎을 먹습니다. **2** 그러고 나서는 딱딱한 껍질, 즉 고치를 만들어 몸을 감싸죠. **3** 애벌레는 그 껍질 안에서 나비로 바뀌게 됩니다. 고치는 쪼개지고 나비는 기어 나올 수 있게 되죠.

1

Tip 애벌레 **caterpillar** / 부화하다 **hatch**

2

Tip 고치 **cocoon** / 딱딱한 **hard** / 껍질 **case**

3

Tip 쪼개지다 **split** / 기다 **crawl**

'애벌레가 부화되면'은 조건을 제시하는 내용이니, When a caterpillar hatches와 같이 부사절로 쓰는 것이 맞습니다. 이 때 '부화된다'를 a caterpillar is hatched와 같이 수동태로 쓰면 안됩니다. 왜냐하면 hatch는 '부화되다'란 뜻의 1형식 문형을 만들 수 있기 때문에 굳이 3형식을 써서 수동태로 만들 이유가 없죠. 이와 유사한 경우로 '차가 잘 팔린다'는 This car sells well., '이 돌은 잘 잘린다'는 This stone cuts easily. 라고 합니다.

'커질 수 있을 만큼 커질 때까지'는 쉬운 문장이 아닙니다. 일단 '~만큼'이 등장하면 as ~ as 구문을 시도해 보는 것이 좋습니다. He is as big as I am. (그는 나만큼 크다.)과 같이 표현할 수 있으니까요. 여기서 주목할 점은 앞의 as는 부사이고, 뒤의 as는 접속사라는 점입니다. 접속사이기 때문에 '주어+동사' 구조가 올 수 있죠. 또한 비교 대상을 굳이 언급할 필요가 없을 때는 접속사절을 사용하지 않고 He is as big.으로 문장을 완성할 수도 있습니다.

위 문장에서는 비교 대상이 나와 그가 아니라 또 다른 애벌레 자신이죠. 즉 '커지는'과 '커질 수 있는'이 비교되고 있습니다. Until it is as big as it can grow는 어떤가요? 이와 같은 as ~ as 구문은 대칭을 맞추도록 신경을 써야 합니다. '이 책의 데이터는 저 책의 데이터만큼 정확하지 않다'고 할 때 The data in this book is not as accurate as it is in that book.이라고 합니다. 비교 기준이 데이터이기 때문에 데이터를 받는 it is가 있어야 균형을 맞출 수 있습니다.

'딱딱한 껍질, 즉 고치를 만들어 몸을 감싸다'에서 '감싸다'를 어떻게 표현할지 곤란하네요. '감싸다'라고 하면 wind, wrap, bandage 등이 있습니다. 무언가를 돌돌 말아서 감쌀 때는 wind(ex. It was so cold that I wound a scarf around my neck. 너무 추워서 스카프로 목을 돌돌 감쌌다.), 보호하기 위해 겉면을 감쌀 때는 wrap(ex. She wrapped her baby in a blanket. 그녀는 담요로 그녀의 아기를 감쌌다.), 붕대 같은 것으로 상처 부위를 감쌀 때는 bandage(ex. He bandaged my injured finger. 그는 다친 내 손가락을 붕대로 감아 주었다.)를 쓰죠.

여기서는 어떤 것이 필요할까요? 예상 외의 단어가 등장합니다. 바로 전치사 around입니다. 문장을 완성해 보면, It makes a hard case, or cocoon, around its body.라고 하죠. 이와 유사한 형태가 패턴화되어 있는데요. 보통 동사가 2개 등장할 때 뒤에 따라오는 동사가 전치사일 수 있습니다. 예를 들어, '자르다 + 만들다'는 cut + into(ex. Cut cucumbers into strips. 오이를 잘라 긴 조각으로 만드세요.), '밀다 + 나오게 하다'는 push + out of(ex. He pushed me out of the sofa. 그는 나를 밀어 소파에서 나오게 했다.)와 같은 식이죠. 위 문장도 '만들다 + 감싸다'를 make + around로 완성했다고 볼 수 있습니다.

여기서 '껍질'을 case라고 한 것이 다소 의아합니다. 하지만 문맥상 적절한 선택이죠. 왜냐하면 애벌레를 '담고 있는' 껍질이기 때문입니다. case는 통이나 용기, 상자를 뜻하지만 핵심은 그 안에 무언가를 담고 있다는 사실입니다. 참고로 껍질에는 많은 단어가 있는데, 나무껍질은 bark, 채소나 과일 껍질은 peel, 곡류 껍질은 husk, 견과류나 달걀 껍질은 shell이라고 합니다.

다음으로 눈에 띄는 표현은 '기어 나오다'란 뜻의 **crawl out**입니다. '기다'를 **crawl**이, '나오다'를 **out**이 담당하고 있죠. crawl은 '잘 보이기 위해서 비굴하게 굴다'란 뜻도 있어, He is crawling to his boss to get the promotion. (그는 승진하기 위해서 상사에게 아부하고 있다.)이라고 할 수도 있죠. 고치는 쪼개지고 그 결과 나비가 기어 나올 수 있었으니, 결과를 나타내는 so that (여기서 that은 생략) 구문을 활용해 The cocoon splits so the butterfly can crawl out. 으로 마무리하면 됩니다.

모범답안 02 ¹ When a caterpillar hatches, it eats leaves until it is as big as it can grow. ² Then it makes a hard case, or cocoon, around its body. ³ The caterpillar changes into a butterfly inside this case. The cocoon splits so the butterfly can crawl out. [10]

03

1 보통은 대충 챙겨 입고 토스트와 주스라도 챙겨 스쿨버스로 내달릴 수 있도록 엄마는 마지막 순간까지 하트(Hart)를 침대에서 끄집어내리려고 안간힘을 써야만 했다. **2** 그가 서둘러 주방을 지나가면, "지각은 정말 바보 같은 짓이야"라고 항상 사라(Sarah)는 말했다. **3** 하지만 오늘은 아니다. 부모님이 주방에 들어오셨을 때 하트는 시리얼 두 번째 그릇을 시작하고 있었다.

1
_____

_____

Tip 대충 챙겨 입다 **throw on clothes** / 챙기다 **grab** / 내달리다 **sprint**

2
_____

_____

Tip 서둘러 지나가다 **hurry through** / 지각 **to be late**

3
_____

_____

Tip 그릇 **bowl**

첫 문장부터 '대충 챙겨 입고,' '토스트와 주스라도 챙겨,' '버스로 내달리다'와 같은 한국인들이 취약한 일상 표현들이 줄지어 나옵니다. 이런 표현들은 외우는 수밖에 없습니다. **'대충 챙겨 입다'는 동사 '던지다'의 throw와 '입다'의 on이 합쳐져 'throw on some clothes'라고 하고, '토스트와 주스라도 챙겨서'는 '재빠르게 움켜잡다'의 뜻을 가진 grab을 사용해 grab a piece of toast and a swallow of juice라고 하죠. 이때 a piece of(한 조각의)와 a swallow of(한 모금의)는 급하게 대충 먹음을 확실히 해 줍니다.**

무언가를 '잡다'라고 할 때 hold, grab, grasp, seize 등의 단어가 있습니다. 여기서 사용된 grab은 '재빠르게 움켜지다'란 뜻으로, '음식을 대충 먹다'란 의미(ex. Why don't we grab something to eat? 뭐 좀 간단히 먹는게 어때?)로 종종 활용됩니다. hold는 '손을 잡다'의 hold one's hand로 알려져 있죠. 이때는 잡고 함께 간다는 지지의 뉘앙스가 있습니다. grasp은 강하게 획 잡는 경우(ex. he grasped my hand and ran. 그는 내 손을 획 움켜잡고 달렸다.), seize는 외압을 사용하여 적극적으로 잡는 경우(ex. He tried to seize the knife from her. 그는 그녀에게서 칼을 빼앗으려고 시도했다.)에 사용됩니다.

'스쿨버스로 내달리다'는 sprint to catch the bus로 나타낼 수 있어요. sprint는 무언가를 놓치지 않기 위해 '전력질주하여 달리다'란 의미로, 앞에서 배운 '(정신없이) 내달리다'의 rush down과는 성격이 완전 다릅니다. 그래서 to catch와 같은 표현과 함께 등장하는 경우가 많죠. 참고로 catch도 '~을

잡다'란 뜻으로, 움직이거나 지금 잡지 않으면 사라지는 것
(ex. We have many exhibitions you must catch. 당신이 반드시 봐야 하는 많은 전시
회가 있어요.)을 잡을 때 사용합니다.

다음으로 등장하는 '마지막 순간까지 하트를 침대에서 끄집어내려
고 안간힘을 써야만 했다'는 **had to pull Hart out of bed at
the last second**로 해결됩니다. 이때도 **pull + out of**의 구조를
가집니다. **pull**은 '무언가 하려고 안간힘을 쓴다'는 의미를 충분히
나타낼 수 있습니다. '마지막 순간까지'의 at the last second는
긴박함과 아슬아슬함을 표현할 수 있는 최적의 부사구이죠.

hurry + THROUGH

'그가 서둘러 주방을 지나가면'에도 전치사가 활약합니다. 바로
hurry + through의 구조이죠. '서두르다'는 **hurry**, '지나가다'는
through가 담당합니다. **through**를 사용한 것을 보면 주방 중
앙을 관통해 지나감을 알 수 있죠. As he hurried through the
kitchen으로 완성됩니다.

'부모님이 주방에 들어오셨을 때'는 행동의 진행이 아니라 들어와
있는 상태로 봐서 **When his parents had come into the
kitchen**으로 하는 것이 맞죠. 여기서도 '들어오다'를 전치사 **into**

가 **책임지고 있네요.** 더불어, had + p.p.를 사용해 들어오는 행위가 완료된 상태를 명확히 하고 있습니다. 반면 주절은 행동이 진행되고 있는 상황이기 때문에 Hart was starting a second bowl of cereal과 같이 진행형을 쓰고 있습니다.

모범답안 03 **1** Usually, his mom had to pull Hart out of bed at the last second so he could throw on some clothes, grab a piece of toast and a swallow of juice, and then sprint to catch the school bus. **2** And as he hurried through the kitchen Sarah always said, "It's so stupid to be late!" Not today. **3** Hart was starting a second bowl of cereal when his parents had come into the kitchen. [11]

04

아래의 문장을 영어로 표현하세요.

1 눈이 녹자마자 나는 라스(Rass)에 가서 어머니를 모시고 올 것이다.
2 크리스필드(Crisfield)에서 연락선을 타고, 기어 내려가 여자들이 항상
이용하는 객실로 들어갈 것이다. **3** 40분 정도 그 딱딱한 객실 의자에
앉아 있다가 높이 난 앞쪽 창을 통해 내가 살던 섬의 첫 광경을 어떻게든
보려고 일어날 것이다.

1

Tip 모시고 오다 **fetch**

2

Tip 연락선 **ferry** / 객실 **cabin**

3

Tip 앞쪽에 있는 **forward** / 광경 **sight**

첫 문장에서 '~를 모시고 온다'에 가장 적절한 단어는 fetch 입니다. 유사한 기능을 하는 단어로는 take, bring이 있죠. take는 특정 장소로, bring은 화자가 있는 쪽으로 데려올 때 쓰입니다. 이에 비해, fetch는 '가서 가지고 다시 돌아온다'는 의미(ex. He fetched another glass from the kitchen. 그는 주방에 가서 다른 잔을 가져왔다.)를 나타냅니다. 즉 어머니를 모시고 원래 있던 곳으로 다시 오겠다는 의도라고 할 수 있죠.

두 번째 문장에서 '기어 내려가,' '객실로 들어가'는 역시 전치사 down과 into로 처리합니다. At Crisfield I will board the ferry, climbing down into the cabin where the women always ride.로 문장이 완성되네요. 대등접속사 and로 연결된 문장이 분사구문으로 바뀌었네요. board는 '(배, 기차, 비행기 등을) 탑승하다'란 뜻이 있어, 위와 같이 the ferry를 목적어로 취할 수 있고, How long do we have to wait to board?(언제 까지 탑승을 기다려야 하죠?)와 같이 목적어 없이도 쓸 수 있습니다. climb은 '발과 손을 이용해 가다'란 기본 뜻이 있어, '기어'를 충분히 설명할 수 있죠.

'이용/사용하다'는 한국어에 자주 등장하는 동사입니다. 이 것을 모두 use로 쓴다면 어색하겠죠. 위 문장과 같이 교통편을 이용할 때는 ride(ex. He used to ride the bus to work. 그는 버스를 이용해 일터에 가곤 했다.)를, 언어를 사용할 때는 speak(ex. The number of Chinese speakers began to decline. 중국어 사용자 수가 감소하기 시작했다.)와 같이 의외의 단어가 등장하기도 합니다.

세 번째 문장에서 시간과 관련한 영어만의 독특한 표현 방법을 배울 수 있습니다. '수년간의 노력 끝에 그는 이 기계를 발명했다'고 할 때 After years of effort, he invented this machine.이라고 하죠. 즉, '~한 기간'을 전치사 of로 설명할 수 있습니다. 구체적인 기간도 올 수 있는데요. 바로 위의 '40분 정도 그 딱딱한 객실 의자에 앉아 있다가'를 After forty minutes of sitting on the hard cabin bench라고 할 수 있죠.

그 뒤에 이은 주절의 내용도 꽤 까다롭습니다. 그냥 보는 것이 아니라, '어떻게 든' 애써 본다는 뉘앙스를 살리기 위해 다양한 동사를 활용할 수 있어요. 우선 눈을 돌려 단순히 본다는 look 대신에 peer을 쓰는 것이 좋습니다. peer는 방해요인이 있음에도 불구하고 집중해서 쳐다본다는 뜻(ex. He peered through the crack to see if his key is there. 그는 열쇠가 있는지 벌어진 틈을 쳐다봤다.)이죠. 다음으로 strain이 있습니다. 명사로 '긴장,' '부담,' '압박'의 뜻(ex. Excessive drinking can put strain on your heart. 과도한 음주는 심장에 부담을 줄 수 있다.)이지만, 동사로 '~을 하기 위해 용쓰다'란 뜻(ex. People are rushing down the hall, straining for a glimpse of Dicaprio. 디카프리오를 보기 위해 사람들이 홀로 달려갔다.)도 있죠.

이 단어들을 이용해 문장을 완성해 보면, I will stand up to peer out of the high forward windows, straining for the first sight of my island.와 같이 됩니다. 이번에도 대등접속사 and로 연결된 분사구문이 등장하네요. 다음 장에서 구체적으로 살펴보겠지만, 덧붙여져 설명이 추가되는 구조에서 등장하는 가장 일반적인 용법입니다.

모범답안 04 **1** As soon as the snow melts, I will go to Rass and fetch my mother. **2** At Crisfield I will board the ferry, climbing down into the cabin where the women always ride. **3** After forty minutes of sitting on the hard cabin bench, I will stand up to peer out of the high forward windows, straining for the first sight of my island. [12]

네이티브는 내용을 덧붙일 때
분사구문을 사용한다

분사구문이라 하면 한국인들은 종속접속사가 이끄는 부사절을 변형시킨 것으로 알고 있습니다. 하지만 원어민의 글을 살펴보면 종속접속사보다는 대등접속사 and로 분사구문으로 만드는 경우가 훨씬 많죠. 그 이유는 앞에서도 강조했듯이, and가 '그리고'의 뜻 이외에도 '그러고 나서,' '그것으로 인해'의 뜻을 가지고 있기 때문입니다. 종속접속사 because와 after는 문장 관계를 강조할 때 쓰는 반면 and는 서술적으로 추가 내용을 덧붙일 때 등장합니다. 예를 들어, '그는 문을 열어(그러고 나서) 나를 안으로 들여보내 주었다'는 He opened the door, letting(=and he let) me inside.라고 하고, '이 것들이 우산 역할을 해(이로 인해) 비가 땅에 닿지 않는다'는 They act like umbrellas, stopping(=and it stops) the rain from reaching the ground.라고 합니다. 원인의 and가 쓰일 때는 예문과 같이 앞 문장 전체를 받는 it이 주어가 되는 경우가 많습니다.

01

아래의 문장을 영어로 표현하세요.

그는 소리치며 울기 시작했고, 탁자를 손으로 내리쳐, 탁자 다리가 부러졌다.

Ans He started crying with screams, slamming his hands against the table, causing its legs to break.

Tip ~을 쾅 치다 **slam**

위 문장은 서술적으로 추가 내용을 덧붙이고 있죠. 이때는 분사구문이 답입니다. 일단 '소리치며 울기 시작했다'는 He started crying with screams로 해서 '소리치며'를 with 전치사구로 처리하는 것이 좋죠. **'탁자를 손으로 내리쳐'는 '그러고 나서'의 and로 연결된 문장을 다시 분사구문으로 만들어, slamming(=and he slammed) his hands against the table로 추가합니다.** slam은 '무언가 소리 나게 세게 치다'란 뜻으로 Don't slam the door.(문을 쾅 닫지 마세요.)라고 하거나, 이 경우와 같이 전치사 against나 into 등을 이용해 단단한 표면에 내리친다는 뜻으로도 쓰입니다. **'그것으로 인해' 다리가 부러졌으니 이번에도 and가 충분히 해결할 수 있습니다. 그럼 causing(=and it caused) its legs to break로 마무리하죠. 여기서 주어는 앞 문장 전체를 받는 it으로 보는 것이 맞습니다.**

그것은 머리를 옆으로 돌린 채 움직이며, 나의 일거수일투족을 지켜봤다.

◉

Tip 옆으로 **sideways** / 움직이다 **travel** / 일거수일투족 **every step of the way**

두 개의 문장을 어떻게 연결할지 고민이 필요합니다. 그 기준이 되는 것은 한 문장이 다른 문장을 수식하는 구조인지, 아니면 정보가 덧붙여지는 구조인지에 대한 판단입니다. 전자라면 While it travelled with its head turned sideways, it watched me every step of the way.가 될 것이고, **후자라면 It traveled with its head turned sideways, and it watched me every step of the way.가 될 겁니다. 한국인들은 이런 고민 없이 무작정 while을 쓰려는 경향이 있습니다. 위 문장의 뉘앙스는 후자에 더 가까운데 말이죠. 그렇다면 and it watched를 watching으로 바꿔 분사구문을 만들면 더 좋겠네요.** 이 외에도 'with + 목적어+ 분사'로 동시성을 표현하는 점, 특정한 방향과 속도로 이동하는 경우는 move가 아니라 travel을 쓴다는 점, '전 과정에 걸쳐'라는 뜻으로 부사 every step of the way가 있다는 점도 기억해야 할 부분입니다.

Ans It traveled with its head turned sideways, watching me every step of the way.

그녀는 방향을 돌려 주차장 주변을 보며 왼쪽부터 오른쪽까지 쭉 훑었다.

Tip 훑다 sweep one's eyes

위 문장에는 세 가지 정보가 있습니다. 1) 방향을 돌리다, 2) 주차장 주변을 보다, 3) 왼쪽부터 오른쪽까지 쭉 훑다. 이제 는 이들을 and로 연결할지 분사로 연결할지 결정해야 합니 다. 그 결정의 기준은 무엇일까요? **결론부터 말씀드리면 대등한 정보를 각각 열거하고자 한다면 and로, 두 문장이 관련되어 연결됨 을 나타내려면 분사를 씁니다. 즉 1)과 2)는 각각의 정보이지만 3)은 2)와 연결되어 있죠. 주변을 본다는 내용에 대한 구체적인 설명일 수 있으니까요.** 이렇듯 연결 방식은 말을 하는 사람의 의도에 따라서 얼마든지 달라질 수 있습니다. 그렇다면 She turned and looked around the parking lot, sweeping her eyes from left to right. 와 같이 완성할 수 있겠네요. 참고로 sweep은 '(빗자루 등으로) 쓸다'가 기본 뜻이지만, 빗질을 하듯이 '뭔가를 찾기 위해 빠르게 살피다'란 뜻도 있습니다.

Ans She turned and looked around the parking lot, sweeping her eyes from left to right.

04

그가 작은 상자를 들고 들어왔는데, 겉은 먼지로 가득했고, 안에선 무언가 빛나고 있었다.

Tip 들고 들어오다 **carry in** / 겉 **surface** / 안에서 **inside**

위 문장을 분사구문으로 연결하고자 한다면 해결해야 할 문제가 하나 있습니다. 바로 각 문장마다의 주어가 다르다는 것이죠. 이럴 때는 다른 주어를 분사구문 앞에 두면 된다는 문법적 약속을 활용하면 됩니다. 즉 He carried in a small box, its surface covered with dust, something shining inside. 이렇게 말이죠. 표면이 먼지에 덮여 있으니 수동을 뜻하는 과거분사 구문, 무언가 스스로 빛나고 있으니 능동을 뜻하는 현재분사가 등장합니다. '들고 들어오다'의 carry + in도 기억할 필요가 있어요. 여기서 in은 전치사가 아니라 부사이죠. in을 부사로 쓰는 경우도 생각보다 빈번합니다. This country takes in hundreds of refugees. (이 나라는 수백 명의 난민을 수용한다.)와 같이 take in도 대표적인 관련 표현이라고 할 수 있어요.

01

아래의 문장을 영어로 표현하세요.

1 다른 점은 하트(Hart)는 인기 있으려고 애쓰지 않는다는 것이었다. 자연스럽게 그렇게 됐다. **2** 오늘 아침만 해도 적어도 여남은 명의 여러 아이들이 하트를 보고 웃거나 손을 흔들어 그의 시선을 끌려고 했고, 뭔가 돌아올 것을 바라고 있었다. **3** 왜냐하면 그가 관심을 가지고 쳐다보면, 누구나 기분이 좋아졌기 때문이다.

1

_____

Tip 애쓰다 **work** / 자연스럽게 **naturally**

2

_____

Tip 여남은 **a dozen** / 손을 흔들다 **wave** / 시선을 끌다 **catch one's eye**

3

_____

Tip 관심을 가지고 쳐다보다 **notice**

첫 문장에서 '애쓰다'를 표현할 수 있는 최적의 단어는 work 입니다. work는 신체적, 정신적 노력이 수반된 어떤 것을 한다는 의미로, 직장에서 일하는 것도 이런 활동의 한 종류이죠. 뒤에 전치사 on이나 at을 넣어 내용을 추가할 수 있는데요, The difference was that Hart did not work at being popular.로 할 수 있죠. '인기 있음'이란 동명사구를 전치사 at의 목적어 자리에 넣는 것도 한국인들에게는 익숙하지 않은 용법입니다.

'자연스럽게 그렇게 됐다'에서 한국인들은 '그렇게'에 집착하는 경향을 보입니다. 그래서 부사 so를 남용하죠. 여기서 주목할 점은 '그렇게'가 앞 문장에 '인기 있음'을 가리키기 때문에 대명사 it으로 얼마든지 처리할 수 있다는 겁니다. 그럼 동사는 뭐가 좋을까요? 바로 '(오면서) 되다'의 come입니다. 여기서는 1형식 문장을 만듭니다. 완성해 보면 It came naturally.라고 하면 되죠.

'하트를 보고 웃거나 손을 흔들어', '그의 시선을 잡으려고 했고', '뭔가 돌아올 것을 바랬다'라는 세 가지 정보의 나열입니다. 이곳이 and로 연결된 분사구문이 들어갈 자리네요. A dozen different kids had smiled or waved at Hart, trying to catch his eye, hoping for something in return.으로 하면 좋을 듯합니다. '여남은 명의 여러 아이들'에서 different의 활용을 눈여겨 볼 필요가 있습니다. different는 다름이 있는 여러 개(ex.

There are many different ways to reach the top. 정상에 오르는 데는 다양한 방법이 있다.)를 나타낼 수도 있습니다.

'~을 바라다'라고 할 때 hope, wish, long, desire 등의 단어를 쓸 수 있죠. hope는 가능성이 있다고 생각하고 바라는 것입니다. 즉, 아이들은 하트가 웃어 줄 가능성이 있다고 생각하고 바라고 있는 것입니다. 하지만 wish는 가능성이 낮거나 아예 없다고 생각하면서도 바라는 것(ex. I wish you would not leave her alone. 난 네가 그녀를 혼자 두지 않길 바란다.)을 말하죠. long은 빠른 시일 내에 발생할 가능성이 낮은 것을 간절히 바라는 경우로 He has always longed to meet his lost family again. (그는 잃어버린 가족을 다시 만날 것이라고 항상 바라왔다.)이라고 할 수 있죠. desire은 무언가를 강력히 바란다는 의미로, His mother gave him whatever he desired. (그의 어머니는 그가 바라는 것은 뭐든지 줬다.)라고 합니다.

마지막 문장에서 '관심을 가지고 바라보다'가 notice로 해결된다는 점을 기억해야 합니다. '보다'라 하면 see, look, watch, notice, stare, glance 등 수많은 단어들이 있습니다. 이 중 notice는 '관심을 가지고 바라본다'는 의미로 '알아차린다'의 뜻도 있습니다. stare은 '한 곳을 오랫동안 쳐다본다'는 의미, glance는 '빠르게 슬쩍 본다'는 특정한 문맥을 가집니다.

'누구나 기분이 좋아지기 때문이다'에서도 어김없이 5형식 구조가 등장합니다. 즉, 앞 문장 전체를 주어로 받아, Because if Hart noticed you, it made you feel good.과 같이 5형식 동사 make가 사용되죠. 여기서 주목할 부분은 '누구나'를 you가 담당한다는 것인데요. you는 '당신'이라는 뜻 외에도 '일반적인 사람들'을 통칭한다는 것도 꼭 기억해 두시기 바랍니다.

모범답안 01　[1] The difference was that Hart did not work at being popular. It came naturally.　[2] Just this morning, at least a dozen different kids had smiled or waved at Hart, trying to catch his eye, hoping for something in return.　[3] Because if Hart noticed you, it made you feel good. [13]

1 컬리(Curly)에게는 또 다른 길고 힘 빠지는 날이었다. 마침내 태양이 구름을 가르고 나타났지만, 그 이후로 모든 것이 내리막길이다. **2** 공사장은 정리되지 않은 채 그대로이고, 땅 고르는 장비들은 멈춰 있었다. **3** 컬리는 마더 파올라(Mother Paula) 법인 본사에 전화를 해야 하는데 최대한 시간만 끌고 있었다.

1 _____

_____

Tip 힘 빠지는 **discouraging** / 가르고 나타나다 **break through**

2 _____

_____

Tip 정리되지 않은 **uncleared** / 땅 고르는 **earthmoving**

3 _____

_____

Tip 시간을 끌다 **stall**

첫 문장에 과거완료형 쓰셨나요? 과거에 하루 동안의 기간을 잡고 있기 때문에 It had been another long, discouraging day.라고 하셔야 합니다. '힘 빠지는'을 discouraging으로 표현한 것도 눈에 띄네요. 다음 문장에도 인상적인 표현이 나오는데요, 바로 break through입니다. 보통 '(막고 있는 어떤 것을) 뚫고 지나가다'란 뜻으로, The demonstrators tried to break through a police line.(시위자들은 경찰 저지선을 뚫고 지나가려고 했다.) 과 같이 쓰이죠. 태양이 구름을 뚫고 나올 때도 The sun had finally broken through the clouds.라고 할 수 있어요.

세 번째 문장의 '정리되지 않은 채 그대로이다'가 꽤 까다로운 내용입니다. '정리'라고 하면 order가 생각나죠. 정리되어 있으면 in order, 정리되어 있지 않으면 out of order라고 기억하는 분이 많을 겁니다. 이때 order는 정해진 원칙을 뜻하죠. 즉 정해진 원칙에 맞거나 어긋난다는 뜻입니다. 위 문맥은 원칙이 아니라, 물건들이 여기저기 제멋대로 놓여 있다는 뜻이므로 이때는 형용사 uncleared를 쓸 수 있습니다. clear는 동사로 '(방해물 등을) 치우다'란 뜻(ex. Please clear the aisle of the stuff. 통로에 있는 물건들 치워주세요.)이죠. 즉 이런 불필요한 물건들이 치워지지 않은 채 있다는 것입니다.

여기서 uncleared보다 더 중요한 것이 '그대로이다'를 어떻게 표현할 것인가인데, 2형식 동사 remain으로 한방에 해결됩니다. The construction site remained uncleared.와 같이

말이죠. remain은 '변함없이 ~한 상태로 남아 있다'는 뜻을 가진 대표적인 2형식 동사입니다. Please remain seated until the bus completely stops. (버스가 완전히 멈출 때까지 그대로 앉아 계십시오.)가 일상적으로 많이 쓰이는 표현 중 하나입니다.

The building
stands empty.

'땅 고르는 장비들은 멈춰 있었다'에서도 재미있는 2형식 동사가 등장하네요. 바로 stand, sit, lie이죠. '서다,' '앉다,' '눕다'로만 알고 있나요? 훨씬 중요한 뜻이 '~한 상태로 있다'입니다. The building stands empty. (건물은 비어 있다.), The equipment sits idle. (장비는 멈춰 있다.), He lies awake. (그는 깨어 있다.)와 같이 나타낼 수 있습니다. 물론 서 있다, 앉아 있다, 누워 있다라고 인식할 수 있는 구체적인 문맥을 가집니다.

세 번째 문장을 연결하려면, The construction site remained uncleared, the earthmoving equipment sitting idle.과 같은 분사구문이 좋을 듯하네요. 위에서 살펴봤듯이, 구분되는 내용의 열거보다는 덧붙여서 관련된 두 정보가 연결됨을 보여주는 것이 맞는 문맥입니다. 주어가 다르기 때문에 sitting idle앞에 earthmoving equipment를 놓은 것도 짚고 넘어가야 할 부분입니다.

마지막 문장에도 재미있는 단어가 등장합니다. 바로 stall이죠. 명사로 '시장의 가판대'를 뜻하는데, 동사로는 '조치나 응답을 차일피일 미루며 시간을 끌다'란 뜻이 있습니다. 뒤에 접속사 before가 보통 와서 '~하는 데'를 담당하죠. 어떤

것을 하기 전에 시간을 끌고 있는 것이니까요. 문장을 완성

하면 Curly had stalled as long as possible before phoning

Mother Paula's corporate headquarters.가 됩니다.

모범답안 02　**1** For Curly it had been another long, discouraging day. The sun had finally broken through the clouds, but after that it was all downhill. **2** The construction site remained uncleared, the earthmoving equipment sitting idle. **3** Curly had stalled as long as possible before phoning Mother Paula's corporate headquarters. [14]

1 그는 상체를 숙여 입을 호수에 갖다 대 마시고 또 마셨으며, 배 속 깊이 들이마시고, 벌컥벌컥 삼켰다. **2** 그의 갈증은 사라졌고, 마신 물로 인해 그의 두통도 누그러진 듯했다. **3** 충돌이 있고 나서 처음으로 그의 이성이 작동하기 시작했고, 그의 뇌에 시동이 걸렸다

1

_____

_____

Tip 상체를 숙이다 **stoop** / 삼키다 **swallow**

2

_____

_____

Tip 갈증 **thirst** / 사라진 **gone**

3

_____

_____

Tip 이성 **mind** / 시동이 걸리다 **be triggered**

'상체를 숙이다'라고 할 때 bend, stoop, duck가 가능합니다. bend는 뻗어 있는 몸을 다양한 모양으로 구부린다는 뜻으로, 아래로 구부리는 상황이니 bend down이라고 해야겠죠. stoop는 무언가를 줍거나 어떤 일을 하기 위해 등을 구부려 상체를 숙인다는 뜻으로 위 문맥에 맞습니다. duck는 무언가를 피하기 위해 순간적으로 구부리는 경우로, She saw arrows shooting toward her and ducked down.(화살이 그녀를 향해 날아오는 것을 보자 그녀는 몸을 빠르게 숙였다.)이라고 할 수 있습니다.

'입을 호수에 갖다 대다'도 문장이 쉽게 떠오르지 않습니다. 하지만 위치가 이동했다는 점을 감안할 때 전치사가 실마리를 풀어줄 수 있겠는데요, put A to B와 같이 말이죠. He stooped and put his mouth to the lake and drank and drank.로 우선 정리하죠. '~을 ~에 대다/놓다'는 put, set, place, lay 등의 단어를 활용할 수 있어요. put은 단순히 두는 것이라면, set은 정해진 특정한 형태로 두는 것, place는 특정한 위치에 두는 것, lay는 조심스럽게 두는 것, 혹은 평평한 곳에 두는 것으로 차이가 있습니다.

'배 속 깊이 들이마시고, 벌컥벌컥 삼켰다'도 표현 자체가 까다롭습니다. '들이마시다'를 단순히 drink라고 한다면 갈증을 해결하기 위해 급박하게 마시는 뉘앙스를 살릴 수는 없겠죠. 이때는 강한 힘으로 끌어당긴다는 뜻의 pull을 써서

pull it deep으로 표현하길 권합니다. '벌컥벌컥 삼키다'는 swallow great gulps of it이라고 하면 좋겠네요. swallow는 목구멍으로 넘어가는 물의 흐름을, great gulps는 '벌컥벌컥'을 담당할 수 있죠.

위의 배운 내용을 하나의 문장으로 연결해 보면, **He stooped and put his mouth to the lake and drank and drank, pulling it deep and swallowing great gulps of it.**으로 정리됩니다. 여러 개의 문장이 and와 분사구문 형태로 연결되어 있습니다. 1) 상체를 숙이다, 2) 입을 호수에 갖다 대다, 3) 마시고 마셨다는 대등한 정보의 나열이고 4) 배 속 깊이 들이마시기, 5) 벌컥벌컥 삼키기는 3)에 대한 구체적인 설명으로 분사의 형태를 취하고 있습니다. 4)와 5)도 대등한 관계이기 때문에 and로 연결되죠.

마지막 문장도 분사구문을 활용하면 보다 세련된 문형을 만들 수 있습니다. '그의 이성이 작동하기 시작했고, 그의 뇌에 시동이 걸렸다'를 있는 그대로 나타내면 **His mind started to work, and his brain was triggered** 라고 할 수 있죠. 이렇게 주어가 다르고 문장이 동일한 형태로 열거되고 있으면 주어가 살아 있는 분사구문이 등장하는 경우가 많습니다. **His mind started to work, his brain triggered**와 같이 바꿔 보는 건 어떤가요?

'시동이 걸리다', 즉 무언가 갑작스럽게 작동하게 한다고 할 때 trigger, precipitate, set off, touch off와 같은 유사한 표현들이 있죠. trigger는 갑작스럽게 발생하게 한다는 의미로 위 문맥에 맞습니다. precipitate는 주로 나쁜 일을 촉발한다는 뜻으로 Their divorce has precipitated the family crisis. (그들의 이혼으로 가족 붕괴가 촉발되었다.)라고 하죠. set off는 일련의 사건을 촉발하는 시발점이 되었다는 의미로, His death set off a wave of protest. (그의 죽음으로 저항의 물결이 시작되었다.)라고 하죠. touch off는 폭력적인 사태가 갑자기 발생할 때(ex. This incident touched off the civil war. 이 사건으로 내전이 발발하였다.) 등장합니다.

모범답안 03   **1** He stooped and put his mouth to the lake and drank and drank, pulling it deep and swallowing great gulps of it. **2** His thirst was gone and the water seemed to reduce the pain in his head as well. **3** For the first time since the crash his mind started to work, his brain triggered. [15]

04

아래의 문장을 영어로 표현하세요.

¹ 개구리는 머리를 치켜들었다. 그 고함 소리에 깜짝 놀란 것이다.
² 갑자기 개구리의 강력한 뒷다리가 쫙 펴지더니, 그 다리로 개구리는
물위를 훌쩍 뛰어넘었다. ³ '철퍽' 하는 시끄러운 소리와 함께 착지 후
사라져 버렸다.

1
_____

_____

Tip 치켜들다 **raise** / 깜짝 놀라다 **be startled**

2
_____

_____

Tip 뒷다리 **hind legs** / 쫙 펴지다 **shoot out**

3
_____

_____

Tip 철퍽 **plop** / 착지하다 **land** / 사라지다 **disappear**

CHAPTER 4 네이티브는 내용을 덧붙일 때 분사구문을 사용한다 **87**

'치켜들다'는 '위로 올려 들다'란 의미로 raise가 일반적으로 쓰입니다. The frog raised its head.로 간단히 해결되죠. 문제는 다음 문장인 '그 고함 소리에 깜짝 놀란 것이다'인데, 이는 두 문장의 관계를 분석할 필요가 있죠. **머리를 치켜든 상황에 대한 추가적인 정보를 덧붙이고 있는 구조입니다. 한국어 문장 구조 그대로 It was startled by the shout.라는 별도의 문장으로 처리한다면 이런 관련성이 보이지 않게 되죠. The frog raised its head, startled by the shout.와 같은 분사구문이라면 괜찮지 않을까요?**

STARTLE

'~을 놀라게 하다'는 한국인들에게 surprise가 익숙합니다. 하지만 유사한 뜻을 가진 단어는 startle을 비롯해 astonish, amaze, stun 등이 있습니다. 위 문맥은 공포나 걱정을 일으킬 정도로 갑작스럽게 놀란 경우이기 때문에 startle을 써야 합니다. surprise는 예상하지 못한 일이 발생할 경우(ex. Their marriage surprised all of us. 그들의 결혼은 우리 모두를 놀라게 했다.), astonish 와 amaze는 누군가를 심하게 놀라게 할 경우(ex. We were astonished by how much he had gained weight. 그가 살이 너무 쪄서 우리는 깜짝 놀랐다.), stun은 말문이 막힐 정도의 충격적인 놀라움일 경우(ex. News of her death stunned all the people in this country. 그녀의 죽음은 이 나라 모든 사람들에게 충격으로 다가왔다.) 각각 쓰입니다.

세 번째 문장의 '쫙 펴지다'가 좀 까다롭네요. 접혀져 있는 것이 펴지면 unfold (ex. unfold the letter 편지를 펼치다), 말려 있던 것이 펴지면 unroll (ex. unroll the carpet 카펫을 펼치다), 구부러져 있던 것이 펴지면 straighten (ex. straighten curly hair 굽은 머리를 펴다) 등 문맥에 따라 쓰이는 단어가 다릅니다. 아쉽게도 위 문장에 적용할 수 있는 단어는 하나도 없네요. 왜냐하면 갑자기 쫙 펴는 상황으로, 이때는 shoot를 쓰는 것이 좋습니다.

shoot는 총알이나 화살 같은 무기를 '쏜다'는 의미가 있죠. 그래서 You should not have shot—he was not armed. (당신은 총을 쏘지 말았어야 했어요. 그는 무장한 상태가 아니었어요.)라고 하죠. 이런 뜻에서 발전하여 총이나 화살을 쏘는 것처럼 갑자기 이동할 때도 shoot를 쓸 수 있게 되었습니다. 예를 들어, He shot out his hand and grabbed the food. (그는 손을 재빨리 꺼내 음식을 가져갔다.)라고 할 수 있죠. Suddenly its powerful hind legs shot out.으로, 갑작스러운 이동은 shoot가, 밖으로 펴서 나오는 것은 out이 담당합니다.

'그 다리로 개구리는 물위를 훌쩍 뛰어넘었다'는 앞 문장에서 덧붙여지는 서술입니다. 그럼 이번에도 분사구문을 활용해야겠네요. 하지만 유념해야 할 부분이 하나 더 있습니다. 바로 이 문장의 주어는 '그 다리로'라는 부사절이 사물주어로 쓰인다는 점입니다. 즉, Suddenly its powerful hind legs shot out, and the powerful hind legs launched it into a long dive over the water.의 기본 문형에서 and the powerful hind legs launched가 launching이라는 분사구문 형태로 바뀌게 됩니다. 물론 여기서 it은 개구리를 뜻하죠.

모범답안 04 **1** The frog raised its head, startled by the shout. **2** Suddenly its powerful hind legs shot out, launching it into a long dive over the water. **3** It landed with a loud plop and disappeared. [16]

CHAPTER 5

|

네이티브는
술부 의미에 동사만 사용하지 않는다 1

한국어는 술부의 의미를 전적으로 동사가 책임지지만, 영어는 문맥에 따라 명사, 형용사, 부사 등 다양한 품사로 표현할 수 있습니다. '인간은 배움을 통해 나아질 수 있다'를 한국인들은 Humans can improve through learning.이라고 하는 반면, 원어민들은 Humans are improvable through learning.이라고 합니다. 한국어는 동사가 동작과 상태를 대부분 표현할 수 있죠. 하지만 영어에서 동사는 동작이나 상황의 일시적인 발생을 의미하는 반면 형용사는 지속적인 상태나 성질을 나타내는 경향이 있습니다. '개선될 수 있음'은 인간의 타고난 기질, 즉 상태이니 형용사가 맞습니다. '이 일은 보수가 형편없다'를 This work is poorly paid.라고 하여, '형편없다'를 부사 poorly가 책임지죠. '출산율이 떨어져 노동시장이 불안정해졌다'를 Declining birth rates have caused labor market instability.라고 하여 '떨어지다'를 형용사 기능을 하는 분사 declining이 담당하고 있습니다. 이런 구조적 차이를 이 장에서 보다 자세히 살펴보려고 합니다.

01

아래의 문장을 영어로 표현하세요.

그의 반려견들은 놀기 좋아하고 사람을 잘 믿습니다.

Tip 반려견 **pet dog**

얼핏 보면 쉽게 완성할 수 있는 것처럼 보입니다. His pet dogs like playing and trust people easily. 라고 할 수 있죠. 영어가 모국어가 아니라면 이 정도 문장으로 넘어갈 수 있습니다. 하지만 원어민들은 His pet dogs are playful and trusting. 이라고 합니다. 이 차이는 무엇일까요? **바로 반려견들의 성격이나 기질을 나타내기 때문에 형용사가 쓰인 겁니다. playful은 wanting to play(놀기를 원함), trusting은 believing that other people are honest(다른 사람들이 정직하다고 믿는)라는 의미로 충분히 위 문장을 나타낼 수 있죠.** 물론 동사에도 상태를 나타내는 love, know, have, remember와 같은 감정, 관계, 소유 등을 나타내는 단어들이 있습니다. 하지만, 문맥에 맞는 구체적인 상태를 나타내기에는 한계가 있죠.

Ans His pet dogs are playful and trusting.

02

그들은 북을 치고, 불꽃놀이를 하며,
아이들은 거리를 춤추고 돌아다니며
새해를 시작한다.

⏵

Tip 북 **drum** / 치다 **beat** / 불꽃놀이 **firework**

위 문장을 영어로 표현하려고 하니 동사가 너무나 많습니다.
'북을 치다,' '불꽃놀이를 하다,' '춤추고 돌아다니다,' '새해를
시작하다'와 같이 말이죠. 영어에 비해 동사 활용도가 높은
한국어 구조의 전형적인 패턴입니다. **이때 답은 동사를 분사로
바꿔 형용사로 전환하는 거죠.** '새해를 시작하다'가 핵심 문장
이고, 나머지 세 가지는 수식 문장입니다. 동일한 무게의 정
보는 형태도 동일해야 하기 때문에 They start the New Year
with beating drums, fireworks, and kids dancing through
the streets. 와 같이 **분사의 수식을 받는 명사의 형태로 정리하는
것이 최선입니다.** fireworks는 뜻 자체가 '불꽃놀이 하기'이기
때문에 분사가 필요 없고, kids를 꾸며 주는 분사가 구를 이
루고 있어 뒤에, drums를 꾸며 주는 것은 단어로 된 분사이
기 때문에 앞에 위치합니다.

Ans They start the New Year with beating drums, fireworks, and kids dancing through the streets.

설문조사를 통해 노동 시간은 감소하고 수입은 증가하는 경향이 나타났다.

⏵

Tip 설문조사 **survey** / 경향 **trend**

무언가 증가하거나 감소한다는 문맥이 나오면 한국인들은 increase와 decrease부터 쓰고 봅니다. The survey shows that working hours have decreased and income has increased. 정도 예상할 수 있죠. 참고로 경향을 표현하기 위해 tend to 를 쓰셨다면 잘못된 선택입니다. tend to는 사회적인 경향이 아니라 개인적인 경향(ex. I tend to sleep more in winter. 나는 겨울에 잠을 많이 자는 경향이 있다.)으로 문맥에 맞지 않아요. 대신 trend를 써야 합니다. The survey showed a trend toward working less for more money. 는 어떤가요? 보다 세련되고 간결한 구조이죠. **과거와 비교해 상대적으로 증가하거나 감소할 때 비교급 more 과 less로 충분합니다. '회사에 대한 직원들의 확신이 약해졌다'도 The employees are less confident in the company.와 같이 얼마든지 나타낼 수 있습니다.**

Ans The survey showed a trend toward working less for more money.

04

다람쥐들은 신이 나 재잘거리더니, 옆 나뭇가지로 훌쩍 뛰어넘어 갔다.

Tip 다람쥐 **squirrel** / 신이 난 **excited** / 재잘거림 **chatter** / 뛰기 **leap**

까다로운 표현이 많이 보이네요. '신이 나 재잘거리다'에서부터 '훌쩍 뛰어넘다'까지 적절한 단어가 쉽게 떠오르지 않습니다. 이럴 경우는 표현을 습득하고, 그것을 외우는 것이 최선입니다. **'신이 나 재잘거리다'는 set up an excited chatter라고 하고, '훌쩍 뛰어넘다'는 take a flying leap이라고 합니다. 두 표현의 공통점은 동사의 의미를 명사가, 부사의 의미를 그 명사를 꾸며 주는 형용사(excited, flying)가 담당한다는 점입니다.** 이때 명사와 함께 다니는 동사를 세트로 암기하는 것이 좋아요. set up a chatter와 take a leap과 같이 말이죠. 원어민들이 선호하는 관용적인 표현으로 패턴화된 것들입니다. 나올 때마다 외우는 것밖에는 답이 없어요. 문장을 완성해 보면, The squirrels set up an excited chatter and took a flying leap to the next branch.가 됩니다.

Ans The squirrels set up an excited chatter and took a flying leap to the next branch.

01

아래의 문장을 영어로 표현하세요.

1 춥고 떨리면 당신 몸의 털이 일어나고, 조그만 털 근육들이 조여져 닭살이 생기게 됩니다. **2** 이것이 그렇다고 당신을 매우 따뜻하게 해 주는 것은 아니죠. 왜냐하면 당신은 털이 충분치 않거든요. **3** 피부가 밝든 어둡든 간에, 지나친 햇빛에 당신은 화상을 입을 수도 있어요.

1

_____

_____

Tip 떨리는 **shivery** / 조이기 **tightening** / 닭살 **goose bump**

2

_____

_____

Tip 털이 충분한 **hairy**

3

_____

_____

Tip ∼간에 **whether A or B** / 화상을 입히다 **burn**

첫 문장의 '춥고 떨리면'은 사물주어와 부사절의 형태 중 어느 쪽이 더 적절할까요? 이 정보의 성격을 살펴보면, 결과를 바꾸는 핵심적인 내용이라기보다는 조건을 제시하는 부수적 기능을 합니다. 즉 '춥고 떨릴 경우'라는 조건 하에 털이 일어난다는 것이죠. 그렇다면 부사절이 맞습니다. 강조할 필요는 없으니 문장 뒤에 두기를 권합니다. 한국인들은 조건절을 접속사 if에 의지하는 경향이 있지만 실질적으로 '시간 + 조건'을 함께 나타낼 수 있는 when이 원어민의 문장에서는 더 자주 보입니다. when you are cold and shivery라고 하면 되겠네요.

'떨리다'는 일시적 발생이 아닌 지속적인 상태를 뜻하기 때문에 동사가 아닌 형용사가 맞습니다. '떨리다'란 뜻의 동사로는 shake, tremble, shiver가 있습니다. shake는 His shaking legs was irritating me. (그가 다리를 떨어서 나는 짜증이 났다.)와 같이 의도적으로 흔드는 것, tremble은 His voice often trembles when he gives a speech. (연설을 할 때 그의 목소리는 종종 떨린다.)와 같이 자신의 의도와 상관없이 저절로 흔들리는 것을 뜻하죠. **shiver는 춥거나, 아프거나, 무서워서 떨리는 경우로 위의 문맥에 맞습니다. 물론 형용사형 shivery가 들어갑니다.**

'닭살이 생긴다'가 난감합니다. 이때는 goose bumps are made로 표현할 수 있어요. '조그만 털 근육이 조여져'도 좀 까다롭네요. 두 가지 가능성이 있습니다. by tightening tiny hair muscles라고 하거나, by tiny hair muscles tightening이 있죠. 전자는 동사 '조이기'를 부각시켜 일시적으로 조이는 행위를 전달한다면, 후자는 복합 명사의 형태로 조여지는 현상 그 자체를 말하는 것이므로 후자가 더 좋습니다.

'따뜻하게 해 주지는 않는다'의 동사는 make가 아니라 keep 입니다. 앞에서 강조했듯이, make는 강제와 원인의 성격을 띱니다. 반면 keep은 유지와 관리의 키워드를 가지고 있죠. 즉 우리는 항온동물이라 항상 따뜻해야 하니 당연히 keep이 맞습니다. 원어민의 문장에 빈번히 등장하지만 한국인들은 그 자리에 대신 make를 쓰는 경향이 있으니 유의해야 합니다.

'그렇다고'를 가장 잘 표현할 수 있는 단어는 접속 부사 though입니다. 주로 문장 뒤에 위치하죠. **'털이 충분치 않다'는 많은 분들이 You do not have hair enough.라고 하셨을 겁니다. 하지만 원어민들은 You are not hairy enough!라고 하죠. 이번에도 여기는 형용사 자리입니다. 우리는 일시적으로 털을 가지지 않는 것이 아니라 상태적으로 털이 적습니다.**

'피부가 밝든 어둡든 간에'는 부사절 whether를 이용해 whether your skin is light or dark로 표현하면 좋겠네요. '지나친 햇빛에 당신은 화상을 입을 수 있어요'를 설마 because of too much sunlight, you can get a burn이라고 하셨나요? 지나친 햇빛은 화상을 입게 하는 직접적인 원인으로 사물주어의 형태가 맞습니다. Too much sun can burn you.를 제안합니다. 햇빛이 사람을 태운다? 사물주어에 익숙하지 않은 한국인들에게 이런 식의 사고는 낯설게 느껴질 수 있습니다. 참고로 sun은 태양 그 자체를 뜻하기도 하고, 태양에서 지구에 보내는 열이나 빛을 의미하기도 해서 굳이 light를 붙이지 않아도 됩니다.

모범답안 01   **1** Your hair stands up when you are cold and shivery, and goose bumps are made by tiny hair muscles tightening. **2** This does not keep you very warm, though, because you are not hairy enough! **3** Whether your skin is light or dark, too much sun can burn you. [17]

02

ア래의 문장을 영어로 표현하세요.

1 숨을 마실 때마다 들어오는 산소의 양이 적어지면 당신은 숨을 훨씬 더 빨리 쉬어야 합니다. **2** 매우 높은 고도에 있으면 누구나 피곤하고, 어지럽고, 약해집니다. **3** 산의 높은 곳에서 머무르는 시간을 점차적으로 늘리면, 정상에 올랐을 때 고산병에 걸리는 것을 막아 주는 데 도움이 되죠.

1 _____

_____

Tip 숨을 쉬다 **breathe**

2 _____

_____

Tip 고도 **altitude** / 어지러운 **dizzy**

3 _____

_____

Tip 고산병 **altitude sickness** / ~가 ~하는 것을 막다 **keep someone from -ing**

첫 문장은 대대적인 구조 조정이 필요합니다. 즉, if the amount of oxygen you breathe in each time decreases라고 하면 안 된다는 말이죠. 어떤 것이 증가하거나 감소할 때 동사가 아니라 형용사 비교급을 활용하면 훨씬 세련된 문장으로 나타낼 수 있다고 배웠죠. 비교급을 이용해 less oxygen으로 하면 어떨까요? '숨을 마실 때마다'도 whenever you breathe가 아니라 원어민들이 선호하는 전치사구로 바꿔 in each breath로 하여 less oxygen in each breath로 간결한 주부를 만들 수 있죠.

그렇다면 술부를 어떻게 처리하는 것이 좋을까요? 여기서 핵심적인 역할을 하는 것이 바로 동사 mean입니다. mean은 '의미하다'로 알려져 있지만, '특정한 결과를 가져온다'는 뜻도 있어 위 문장에는 적격입니다. 문장을 만들어 보면, Less oxygen in each breath means you have to breathe much faster.로 완성할 수 있죠.

두 번째 문장의 '높은 고도에 있으면'도 부사절이 아니라 at very high altitudes라는 전치사구로 쓰는 것이 좋습니다. 주어가 특정화되지 않을 때는 절보다 구를 쓰려고 노력하세요. Everyone at very high altitudes feels tired, dizzy, and weak. 로 간단히 처리할 수 있겠네요. 이 문장에서 feel을 놓치는 한국인이 많습니다. 어떤 감정, 정서, 느낌을 나타낼 때는 대부분 feel이 등장합니다.

세 번째 문장의 '산의 높은 곳에서 머무르는 시간을 점차적으로 늘리면'에서도 한국인에게는 낯선 구조가 등장합니다. '늘리다'는 형용사 형태로 바꾸고 문장 전체는 사물주어로 전환해야 하겠죠. staying for increasing periods of time high on the mountain과 같이 말이죠. '시간을 점차적으로 늘리면'을

increasing periods of time으로 구조를 완전히 전환해야 합니다. 앞에서도 강조했듯이, 한국 문장은 영어 문장과 비교해 동사의 활용이 지나치게 잦습니다. 이 동사들을 형용사나 부사와 같은 다른 형태로 바꾸려는 노력을 수시로 시도해야 합니다.

여기서 '점차적'을 increasing으로 표현했죠. 우리가 알고 있는 gradual과는 분명 차이가 있습니다. gradual은 특정 거리나 시간에 걸쳐 천천히 진행됨을 의미합니다. 예를 들어, The memories of war have gradually receded in his mind. (전쟁의 기억은 그의 머릿속에서 점차적으로 잊혔다.)라고 할 수 있죠. 이에 반해 increasing은 양이나 정도가 점차적으로 늘어난다는 의미로, Hygiene has become increasingly important after the Covid-19 pandemic. (코로나 사태 이후로 위생이 점차적으로 중요해졌다.) 이라고 할 수 있죠. 위 문장에서도 산에 머무르는 시간을 점차적으로 늘리는 것이니 gradual이 아니라 increasing이 필요합니다.

'~하는 데 도움이 된다'고 할 때 help는 5형식만 아니라 이렇게 3형식으로도 얼마든지 표현할 수 있어요. '고산병에 걸리는 것을 막는 데 도움이 된다'고 할 때도 helps keep you from getting altitude sickness on summit day로 완성할 수 있죠. help는 유일하게 목적어 혹은 목적격 보어 자리에 to 부정사와 원형 부정사를 모두 취할 수 있는 동사입니다. 위 문장은 원형 부정사 keep을 목적어로 취하고 있습니다.

여기서도 '정상에 올랐을 때'는 on summit day로 전치사구를 제안합니다. '~이 ~하는 것이 막다'고 할 때 붙잡아서 막는 keep 외에도 stop, hinder 등을 쓸 수 있죠. stop은 움직임을 막는다(ex. Age does not stop him from doing new things. 나이가 그가 새로운 일을 하는 것을 막지 못한다.), hinder는 어렵게 해서 막는다(ex. His injury hindered him from winning the race. 부상으로 그는 경기에서 우승하지 못했다.)의 뉘앙스를 각각 가집니다.

모범답안 02 [1] Less oxygen in each breath means you have to breathe much faster. [2] Everyone at very high altitudes feels tired, dizzy, and weak. [3] Staying for increasing periods of time high on the mountain helps keep you from getting altitude sickness on summit day. [18]

03

1 화산을 더 가까이에서 보기 위해 세인트 헬렌 산 위를 작은 비행기가 납니다. 비행사 브루스 존슨(Bruce Judson)은 그 아래에서 뭔가 벌어지고 있다는 것을 목격하죠. **2** 돌과 얼음 조각들이 산꼭대기에 있는 구멍인 분화구 안으로 미끄러져 들어가고 있습니다. **3** 그는 분화구 안쪽을 더 잘 보기 위해 비행기를 기울이죠. 갑자기 많은 양의 돌무더기가 산 북쪽 측면을 정신없이 굴러 내립니다.

1

_____

Tip 화산 **volcano** / 아래에서 **below** / 목격하다 **see**

2

_____

Tip 분화구 **crater** / 미끄러져 들어가다 **slide into**

3

_____

Tip 기울이다 **tip** / 많은 양의 **an avalanche of** / 정신없이 굴러 내리다 **rush down**

'화산을 더 가까이에서 보기 위해'는 to look closely at the volcano일까요? to get a closer look at the volcano일까요? 원어민들은 후자를 선호합니다. look을 명사로 쓰고 동사 get을 붙이죠. '더 가까이'라는 부사를 이번에도 look을 꾸며 주는 형용사 closer로 나타냅니다. 관용화된 표현이니 한국어 문장대로 동사로 쓰기보다는 명사로 나타낼 수 있음을 기억해야 합니다.

두 번째 문장은 5형식 동사 see가 기본 구조를 만드네요. Pilot Bruce Judson sees something happening below.와 같이 말이죠. 여기서 주목할 부분은 '아래에서'를 below가 담당한다는 것입니다. 한국인들은 under를 먼저 떠올릴 겁니다. under는 무언가 가리고 있는 아래로 under the table(테이블 아래), under the tree(나무 아래)와 같이 쓰이는 범위가 좁습니다. 하지만 below는 상대적으로 아래에 있으면 언제든지 전치사, 부사의 형태로 활용이 가능합니다. 위 문장에서는 부사로 쓰였죠. 참고로 underneath는 바로 아래 붙어 있는 경우입니다.

세 번째 문장에서 '미끄러져 들어가다'는 어김없이 전치사구 into가 필요하죠. 미끄러지는 것이니 Pieces of rock and ice are sliding into the crater, the hole at the top.으로 완성됩니다. '미끄러지다'는 slide와 slip이 보통 쓰입니다. slide가 부드럽게 표면에 밀려 움직이는 것이라면, slip은 갑자기 혹 미끄러지는 상황(ex. He slipped over on the ice. 그는 빙판길에 미끄러졌다.) 을 나타내죠. '산꼭대기에 있는 구멍(The hole at the top)'이 '분화 구(the crater)'를 동격으로 꾸미고 있으니 쉼표로 처리합니다.

네 번째 문장의 '분화구 안쪽을 더 잘 보기 위해'도 동사보다는 명사를 활용하기를 권합니다. get a better view라면 괜찮겠네요. 이번에도 형용사 better가 부사의 의미를 커버하니다. 멀리서 바라본다는 뉘앙스를 살려 이번에 look이 아니라 view가 좋을 듯합니다. 문장을 완성하면 He tips the plane to get a better view inside the crater.라고 할 수 있죠.

'기울이다'란 뜻을 가진 동사는 tip 외에도 slant(ex. Please slant the picture a little to the right. 사진을 오른쪽으로 약간 기울여 봐요.), slope(ex. The floor slopes down. 마루가 아래로 기울어져 있다.) 등이 있습니다. slant 는 수직에서, slope은 수평에서 기울이는 것이죠. tip은 명사로 '뾰족한 끝'을 뜻하는데, 동사로는 '한쪽 끝을 올리거나 내려 기울이다'란 뜻으로 She tipped the boat to one side.(그녀는 배를 한쪽으로 기울였다.)라고 할 수 있죠.

마지막 문장의 '많은 양의 돌무더기'는 아주 재미있는 표현을 사용해 볼게요. 바로 an avalanche of rocks입니다. avalanche는 '눈사태'를 뜻하는 명사로, 단순히 많다는 뜻을 넘어 눈사태처럼 밀려 내려오는 무서운 속도의 많은 양을 표현할 수 있죠. 유사한 표현으로 a shower of ash가 있는데요, 하늘에서 샤워기 물처럼 뿌려 내리는 많은 양을 표현할 수 있답니다.

'정신없이 굴러 내린다'도 3장에서 배운 것처럼 '내리다'를 전치사 down이, '정신없이'를 rush가 표현할 수 있습니다. Suddenly, an avalanche of rocks rushes down the north side of the mountain.으로 마지막 문장을 마무리합니다.

모범답안 03 **1** A small plane flies over Mount St. Helens to get a closer look at the volcano. Pilot Bruce Judson sees something happening below. **2** Pieces of rock and ice are sliding into the crater, the hole at the top. **3** He tips the plane to get a better view inside the crater. Suddenly, an avalanche of rocks rushes down the north side of the mountain. [19]

1 곰이 자신의 새끼와 알리스(Arliss)를 향해 개울가로 달려들자, 노란색의 섬광 같은 것이 숲에서 쏜살같이 튀어나왔다. **2** 그것은 큰 개 옐러(Yeller) 였다. 그는 격분한 황소처럼 으르렁대고 있었다. **3** 이들의 비틀어진 몸은 거칠게 포효하듯 뒤엉키며, 발로 서로 밀치고, 송곳니로 서로를 베는 상황으로 치달았다.

1

_____

Tip 새끼 **cub** / 개울가 **creek bank** / 달려들다 **lunge** / 쏜살같이 움직이다 **streak**

2

_____

Tip 격분한 **mad** / 황소 **bull** / 으르렁대다 **roar**

3

_____

Tip 뒤엉킴 **tangle** / 밀치다 **scramble** / 베다 **slash** / 송곳니(동물) **fang**

전체적으로 낯선 단어들이 많이 등장합니다. 우선 첫 문장에서 '달려들다'란 뜻의 lunge를 알아야 합니다. 주로 싸우기 위해 달려들 때 쓰죠. 여기서 더 나아가 동명사의 관용 표현인 go -ing를 쓰면 움직임의 역동성을 더 잘 나타낼 수 있어요. 첫 문장의 부사절은 Just as the bear went lunging up the creek bank toward Little Arliss and her cub로 하면 좋겠네요. 곰이 달려들고 있으니 상태를 나타내는 when보다는 동작이 진행될 때 쓰는 접속사 as가 더 맞죠. just는 부사로 급박함을 나타내고 있습니다.

주절의 '노란색의 섬광 같은 것'은 전치사 of를 활용해 a flash of yellow라고 하면 됩니다. '숲에서 쏜살같이 튀어나왔다'에서도 전치사 out of가 streak out of the brush로 '나오다'를 담당합니다. streak는 뻗어 들어오는 한 줄기 빛처럼 곧게 뻗은 선을 뜻하는 명사이지만 '그런 식으로 움직인다'는 동사의 뜻도 있어요. come -ing 관용 표현을 써서 움직임의 과정을 부각시켜도 좋겠네요. A flash of yellow came streaking out of the brush는 어떤가요? 참고로 brush는 솔이나 붓이라는 뜻 외에도 작은 나무로 이루어진 숲도 뜻합니다.

He was roaring
like a MAD BULL.

'격분한 황소처럼 으르렁대다'는 He was roaring like a mad bull.이라고 합니다. '격분한'이 mad라는 것이 다소 의아하죠. '미쳤다'는 정상의 선을 넘다는 의미로, 다양한 문맥에서 쓰일 수 있습니다. 예를 들어, He must be mad walking alone to the ghost house. (그 유령 나오는 집을 혼자 걸어 들어간 것을 보면 그 애는 정신이 나간 것이 틀림없어.)와 같이 선을 넘는 바보스러움도 나타낼 수 있죠. 여기서는 '정신이 나갈 정도로 화가 났다' 정도로 이해할 수 있습니다.

마지막 문장은 정말 포기하고 싶을 정도로 난감합니다. 등장하는 동사가 몇 개인지 모르겠네요. 한국어 문장의 단어만 영어로 바꾸는 것은 절대 불가합니다. **이것들을 명사, 형용사, 부사 등의 다른 형태로 짜맞춤을 다시 해야 합니다. 우선 한국어 구조를 분석해 보면 1. 뒤엉키고, 2. 밀치고, 3. 베는 세 가지 상황으로 치닫고 있습니다. 그렇다면 이 세가지 상황은 동일한 기능을 하고 있기 때문에 동일한 형태로 만들어 줘야 하죠. 이런 문형에서 보통 최적의 동일한 형태는 '형용사 + 명사'의 구조입니다.**

우선, '이들의 비틀어진 몸은 거칠게 포효하듯 뒤엉키며'는 A wild, roaring tangle of twisting bodies와 같이 '뒤엉킴'을 명사로 내세우고 나머지 표현들은 모두 형용사로 바꾸는 것이죠. '발로 서로 밀치고'도 scrambling feet와 같이 '발'을 명사로 내세우고 '서로 밀친다'는 scrambling이라는 분사의 형태로 바꿔 feet을 꾸며 주게 됩니다. '송곳니로 서로를 베는'도 동일한 원리로 slashing fangs로 구조를 전환해야 하죠.

문장을 완성해 보면, They went down in a wild, roaring tangle of twisting bodies and scrambling feet and slashing fangs.와 같이 정리할 수 있어요. 나쁜 상황으로 가는 것이니 구동사 go down을 활용했습니다. 짚고 넘어가야 할 단어들도 몇 개 있죠. roar은 동물들이 '으르렁거리다'란 뜻의 동사로 roaring과 같은 분사 형태로 종종 등장합니다. scramble

은 보통 '(계란 등을) 휘젓다'로 일상적으로 알려져 있지만 경쟁에서 우위를 점하기 위해 서로 밀치고 싸울 때도 쓸 수 있죠. slash는 '단칼에 베어버리다'란 의미로 fang과 친한 단어입니다.

모범답안 04 [1] Just as the bear went lunging up the creek bank toward Little Arliss and her cub, a flash of yellow came streaking out of the brush. [2] It was that big yeller dog. He was roaring like a mad bull. [3] They went down in a wild, roaring tangle of twisting bodies and scrambling feet and slashing fangs. [20]

CHAPTER 6

네이티브는
술부 의미에 동사만 사용하지 않는다 2

'나는 당신을 사랑합니다'를 영어로 I love you.라고 한다는 사실을 모르는 한국인은 없을 겁니다. 그런데 원어민들은 I am in love with you.라고 하기도 하죠. 과연 어떤 차이일까요? 한국말로는 둘 다 '나는 당신을 사랑합니다'이지만 전자는 사랑하고 있다는 사실에, 후자는 그런 감정이 지속되고 있는 상태에 초점을 두고 있습니다. 이 경우 전치사구가 동사를 대신하게 되죠. 그럼 다른 예를 들어 볼까요? '위기가 닥치면 사람들은 돈을 적게 쓰는 경향이 있다'고 할 때 한국인들은 When they face a crisis, people tend to spend less money.라고 하지만 원어민들은 In times of crisis, people tend to spend less money.라고 합니다. 전치사구가 부사절을 대신하면서 불필요한 동사는 사용하지 않게 되죠. 두 예문은 모두 전치사구가 동사의 의미를 대신하는 대표적인 경우라고 볼 수 있습니다. 이 장에서 이 내용을 함께 해 볼 예정입니다.

01

아래의 문장을 영어로 표현하세요.

그녀는 몸을 간신히 끌어올려 앉아 나무에 등을 기댔다.

▶

Tip 간신히 ~하다 **manage to**

'몸을 간신히 끌어올려 앉아'를 제대로 만들어 내려면, come to의 활용을 알아야 합니다. 예를 들어 파업이 어렵게 끝이 났을 때 The strike ended.라고 하면 뭔가 부족하죠. 그 대신 The strike came to an end.라고 하면 그 과정의 지난함을 나타낼 수 있어요. 위 문장도 She managed to pull her body up and sit.보다는 She managed to come to a sitting position. 이라고 하면 그 뉘앙스를 살릴 수 있습니다. **'나무에 등을 기대다'도 행위를 나타내는 동사 lean이 아니라 상태를 나타내는 전치사 against가 필요합니다. 기대는 '상태가 될 때까지' 몸을 끌어올린 것으로 해석해야 하는 문맥이니까요.** 완성해 보면, she managed to come to a sitting position until her back was against a tree.라고 할 수 있겠네요.

Ans She managed to come to a sitting position until her back was against a tree.

02

현재 재정 상태를 고려해 본 결과 공격적인 투자는 적절하지 않은 듯하다.

●

Tip 공격적인 **aggressive** / 적절한 **appropriate**

위 문장에서 반드시 필요한 표현은 **in light of**입니다. 이 표현은 '~을 고려해 본 결과,' 혹은 '~을 고려해 봤기 때문에'의 뜻을 가지죠. '현재 재정 상태를 고려해 본 결과'를 **in light of the current financial situation**이라고 하면 됩니다. 여기에 when이나 after와 같은 접속사를 썼다면 불필요한 동사를 가져와야만 했겠죠. 문장을 완성해 보면, An aggressive investment does not seem appropriate in light of the current financial situation. 이 되겠네요. '적절한'은 appropriate, proper, adequate 등이 있습니다. appropriate는 상황에 적절하다는 뜻으로 위 문맥에 맞습니다. proper은 절차나 규칙에 맞다는 뜻(ex. We should go through the proper procedure. 우리는 적절한 절차를 따라야 합니다.), adequate는 충분해서 적절하다는 뜻(ex. We are looking for candidates with adequate experience. 우리는 적절한 경험을 가진 후보자를 찾고 있다.)을 가집니다.

Ans An aggressive investment does not seem appropriate in light of the current financial situation.

아래의 문장을 영어로 표현하세요.

그는 항상 컴퓨터나 스마트폰을 하고 있어서 잠을 충분히 자지 못한다.

Tip 잠을 자다 **get sleep**

'항상 컴퓨터와 스마트폰을 하다'는 이 사람의 생활 습관입니다. 단순히 일시적인 행위를 나타내는 동사 do를 쓰는 문맥은 아니라는 말이죠. 그렇다면 어떻게 표현할 수 있을까요? 이때 전치사 on이 문제를 해결해 줄 수 있습니다. **on은 '~위에'뿐 아니라, '~한 상황이나 조건에 놓여 있는'(ex. Juvenile delinquency is on the increase. 청소년 범죄가 증가하고 있다.), '~을 이용하고 있는'(ex. He is on the phone. 그는 전화를 하고 있다.)의 뜻도 나타낼 수 있어요.** 위 문장은 두 번째 경우라고 볼 수 있습니다. He never gets enough sleep because he is always on his computer or phone. 은 어떤 가요? 이와 유사한 기능을 하는 대표적인 단어가 off입니다. '그는 얼마 동안 약을 끊었다'고 할 때, He does not take the drug for a while. 이 아니라 He has been off the drug for a while. 과 같이 말할 수 있죠.

Ans He never gets enough sleep because he is always on his computer or phone.

그가 결혼한다는 생각만 해도, 그녀의 얼굴은 흥분하여 붉어졌다.

●

Tip (얼굴이) 붉어지다 **flush**

부사구의 기능을 하는 전치사구 중 유난히 흐름을 멋있게 연결하는 표현들이 있습니다. 그 중 대표적인 것이 at the thought of라고 할 수 있어요. **이 표현만 알면 위 문장의 전반부를 when she thought about him marrying이 아니라, at the thought of him marrying과 같이 멋있게 만들 수 있죠.** 동명사의 의미상 주어를 활용해 him marrying이라고 한 것도 눈여겨볼 점이죠. 보통 격식체에서는 소유격 his를 쓰고 구어체에서는 이렇게 목적격을 쓰기도 합니다. 후반부에서 '얼굴이 붉어지다'는 flush를 씁니다. flush는 '(변기의) 물을 내린다'는 뜻으로 Don't forget to flush the toilet. (변기의 물 내리는 것 잊지 마세요.)이라고 화장실에 붙어 있는 것을 종종 보셨을 겁니다. 하지만 '얼굴이 붉어지다'란 의미도 있어서 At the thought of him marrying, she flushed with excitement. 와 같이 위 문장을 완성할 수 있죠.

Ans At the thought of him marrying, she flushed with excitement.

01

아래의 문장을 영어로 표현하세요.

1 흰 농어 무리가 여전히 그 튀어나온 바위 위에 놓여 있었고, 햇빛 아래 반짝이고 있었다. **2** 하지만 조수간만의 차가 크고, 이미 가장 큰 파도들이 이 물고기들을 철썩 때리고 있었기 때문에 허비할 시간이 없었다. **3** 우리는 파도가 물고기에 닿지 않도록 하나씩 힘들여 끌어당겼다.

1

_____

Tip 농어 **bass** / 튀어나온 바위 **ledge** / 반짝이다 **glisten**

2

_____

Tip 조수간만의 차 **tide** /(파도가) 철썩 때리다 **lap**

3

_____

Tip 하나씩 **one by one** / 힘들여 당기다 **haul**

동물의 '무리'를 뜻하는 단어는 꽤 많습니다. 농어와 같은 물고기 무리는 school이라고 하죠. 곤충은 swarm, 가축이나 조류는 flock, 소, 사슴, 코끼리 등은 herd라고 합니다. 그럼 첫 문장은 The school of white bass로 시작할 수 있겠네요. 술부에 '놓여 있다'가 좀 고민이 됩니다. 한국인들은 be positioned, be placed, be situated와 같은 동사의 수동태를 자꾸 가져오려고 하죠. 하지만 이 표현들은 수동의 의미를 부각시키려는 의도로 특정 위치, 특정 장소, 특정 상황에 놓였을 때 쓰는 표현이므로, 단순히 바위 위에 있다는 상태를 말할 때는 맞지 않습니다.

그럼 무엇이 이 상황을 정확하게 표현할 수 있을까요? 맞습니다. **전치사 on을 사용해서 The school of white bass was still on the ledge.라고만 하면 됩니다.** 이때 ledge는 '수직의 면에서 뻗어 나온 평평한 층'을 뜻하죠. 이런 모양의 물건이라면 어떤 문맥에서나 쓸 수 있습니다. 참고로 건물 창가 외벽에 뻗어 나온 화분을 놓는 판을 말하기도 하죠. '햇빛 아래 반짝이고 있었다'란 내용이 덧붙여지고 있으니 앞에서 배운 대로 분사구문을 쓰는 것이 좋겠죠.

그런데 이때 '반짝이다'에 어떤 단어를 쓸지 고민입니다. '반짝이다'의 대표적인 단어는 shine, twinkle, glitter, glisten 등이 있습니다. shine은 빛을 발산하는 반짝임, twinkle은 빛이 꺼지고 켜지면서 나타나는 반짝임, glitter은 보석에서 볼 수 있는 반짝임, glisten은 젖은 표면에서 반사되어 나오는 반짝임을 뜻합니다. 물고기의 반짝임은 당연히 glisten이 맞겠죠. 첫 문장은 The school of white bass was still on the ledge, glistening in the sun.으로 정리되네요.

'조수간만의 차가 크다'는 영어권에서 사용되는 표현을 모르면 말문이 막히게 됩니다. 밀물과 썰물을 통틀어 영어로는 tide라고 합니다. 그 차이가 클 때는 The tide is high.라고 하고 적을 때는 low라고 하면 되죠. '철썩 때리다'라고 할 때도 재미있는 단어가 쓰이죠. 바로 lap입니다. lap은 자리에 앉았을 때 다리 위 넙적한 부분을 뜻합니다. 노트북을 그 위에 올려놓고 쓴다고 해서 노트북이 laptop인가 라는 생각도 드네요. 이런 lap이 재미있게도 '(파도가) ~을 찰싹 때리다'란 뜻도 있어요. 그럼, But since the tide was high and the biggest waves were already lapping at the fish, there was not time to lose.라고 하면 두 번째 문장 완성됩니다.

마지막 문장에서는 '파도가 물고기에 닿지 않도록'에 전치사구가 필요합니다. '~에 닿다'의 대표 단어는 reach이죠. 한국인들은 아마도 so that the tide did not reach the fish와 같이 so that 구문을 이용한 절을 만들 가능성이 높습니다. **원어민들은 아마도 we hauled them out of reach of the tide라고 쓰지 않을까요? 차이점은 바로 out of reach of the tide와 같은 구를 쓴다는 점이죠. '닿지 않는'은 out of가 담당하고 있습니다.** 여기서 '당기다'의 haul이 눈에 띕니다. '당기다'라고 하면 pull, drag, haul, tug 등을 쓸 수 있어요. haul은 무거운 것을 어렵게 끌어당길 때 쓰죠. pull도 강한 힘을 줘서 당긴다는 뜻이지만, haul에는 상대가 되지 않습니다. drag는 표면을 끌며 당기는 경우(ex. She dragged up a chair and joined the talk. 그녀는 의자를 당겨 앉아 대화에 함께했다.), **tug**는 갑자기 강하게 획 당기는 경우(ex. Did you feel the fish tug the line? 물고기가 낚시줄을 획 당기는 것을 느꼈어요?)에 등장하죠.

모범답안 01 **1** The school of white bass was still on the ledge, glistening in the sun. **2** But since the tide was high and the biggest waves were already lapping at the fish, there was no time to lose. **3** One by one we hauled them out of reach of the tide. [21]

02

1 자신의 이름이 신문에 실린 사람은 곤란한 상황에 처했을 수 있어요. 아마도 길을 잃거나 사고를 당했거나 뭐 그런 것이죠. **2** 하지만 뉴스에 이름이 나게 하는 또 다른 종류의 곤란한 상황이 있는데, 그건 바로 법과 관련된 문제예요. **3** 은행 강도들도 신문에 이름이 나고, 유괴범도 그렇고 절도범도 그렇죠.

1 _____

Tip 길을 잃은 **lost** / 신문에 실린 **on the news**

2 _____

Tip 신문에 이름이 나게 하다 **get one's name on the news**

3 _____

Tip 강도 **robber** / 유괴범 **kidnapper** / 절도범 **burglar**

첫 문장의 주어인 '자신의 이름이 신문에 실린 사람'에는 관계사 수식이 불가피합니다. 그 중에서도 소유격 관계대명사 whose가 필요하죠. A person whose name is on the news 정도가 되겠네요. **여기서 눈여겨볼 부분은 '신문에 나다'가 on the news라는 점입니다.** 한국인이라면 appear와 같은 동사를 사용하기 일쑤인데요. 원어민들은 이와 같이 전치사구를 씁니다.

술부의 '곤란한 상황에 처하다'도 마찬가지죠. in trouble입니다. 그렇다면 그 뒤 문장의 '사고를 당하다'는 어떻게 쓸까요? 마찬가지로 in an accident입니다. 문장을 완성하면 A person whose name is on the news could be in trouble, like maybe lost or in an accident와 같은 식이죠. 한국어 구조는 두 문장이지만 뒤 문장이 예시를 담당하고 있기 때문에 영어는 얼마든지 한 문장으로 처리할 수 있습니다. lost는 여기서 '길을 잃은'의 뜻을 가진 형용사입니다. being lost or being in an accident에서 being이 생략된 구조이죠.

주격 보어 자리에서 서술적으로 쓰이는 전치사구들은 저마다의 성격을 가지고 있습니다. 예를 들어 in은 '~한 상태에 있다'로 We are in contact. (우리는 연락하고 지낸다.), under는 '~을 받고 있다'로 They are under pressure to give up. (그들은 포기하라는 압력을 받고 있다.), off는 '~하지 않고 있다'로 I have been off sugar for a while. (나는 얼마간 설탕을 끊었다.), out of는 '~ 밖에 있다'로 He is out of the office. (그는 사무실에 없다.)와 같은 물리적 장소만 아니라 we are out of money. (우리는 돈이 없다.)와 같이 추상적 범주 밖에 있을 때도 쓸 수 있죠.

He was roaring
onto the news

세 번째 문장에서는 '뉴스에 이름이 나게 하다'는 사역의 구조가 필요합니다. 강제나 강요의 뉘앙스를 가지는 make보다는 get으로도 표현할 수 있어요. trouble that gets a name onto the news 이런 식이죠. **이때는 '올라간다'는 변화를 표현하기 위해 onto가 쓰였네요.** 그런데 뒷부분의 '그건 바로 법과 관련된 문제예요'를 어떻게 표현할지 머리가 아픕니다. 한국말을 그대로 영어로 옮기면 안되는 구조예요. 이때 요긴하게 쓸 수 있는 것이 구두점 대시입니다.

구두점 대시는 강조를 하고자 하는 내용에 긴 줄을 긋기만 하면 됩니다. 즉, there is another kind of trouble that gets a name onto the news—trouble with the law라고 하면 되는 거죠. '그건 바로'라고 해서 대명사 and it is를 쓰는 것이 아니라 모두 생략한 후 동격으로 수식하고, 그 앞에 대시를 쓰면 바로 강조가 됩니다. 양방향에서의 삽입(ex. He solved the puzzle—and I don't know how—before anybody else. 그는 다른 사람보다, 어떻게 했는지 모르겠지만, 퍼즐을 먼저 풀었다.)도 가능합니다.

마지막 문장에서는 '유괴범도 그렇고 절도범도 그렇죠'를 해결해야 하네요. Bank robbers get their names on the news. So do kidnappers and burglars.는 어떤가요? 즉, '~ 또한 그

러하다'고 할 때 'So + 조동사 + 주어'로 나타내는 용법이죠. 참고로 '그렇지 않다'고 할 때는 'neither + 조동사 + 주어' (ex. She can't understand him. Neither can I. 그녀는 그를 이해할 수 없다. 나도 그러하다.)를 사용하면 됩니다.

모범답안 02   **1** A person whose name is on the news could be in trouble, like maybe lost or in an accident. **2** But there is another kind of trouble that gets a name onto the news—trouble with the law.
3 Bank robbers get their names on the news. So do kidnappers and burglars. [22]

03

아래의 문장을 영어로 표현하세요.

1 그는 긴 흰색 목과 검은색 부리를 한 그 거대한 하얀 새 두 마리를 목격했다. **2** 살면서 여태 본 것 중 어느 것에서도 그는 그 엄청난 크기의 백조 두 마리가 있는 야생의 작은 연못에서 느꼈던 그런 느낌을 받지 못했다. **3** 암컷은 알을 품고 있었고, 수컷은 활공으로 천천히 하늘을 왔다 갔다 하며 암컷을 지키고 있었다

1

Tip 부리 **bill** / 목격하다 **see**

2

Tip 엄청난 크기의 **enormous**

3

Tip 알을 품다 **sit on eggs** / 활공하다 **glide** / 왔다 갔다 하며 **back and forth**

첫 문장의 '목격하다'는 see면 충분합니다. 한영사전에서 제시하는 witness는 범죄나 사고 현장을 목격할 때만 쓰입니다. 단순히 어떤 사실을 눈으로 확인했다고 할 때는 see를 쓰는 것이 맞습니다. 목격당한다고 할 때도 see를 수동태로 바꿔, I am afraid of being seen by them.(나는 그들에게 목격당할까 두렵다.)과 같이 얼마든지 표현할 수 있죠. '~을 한'은 앞에서 배운 with(~을 가지고 있는)를 이용해, He had seen the two great white birds with their long white necks and black bills.로 마무리할 수 있겠네요.

여기서 짚고 넘어가야 할 것이 있습니다. 바로 명사를 꾸며주는 형용사가 여러 개일 때 그 순서가 정해져 있다는 사실이죠. 영어권 사람들이 의식적으로 정한 것이 아니라 영어를 사용하면서 자연스럽게 습득된 언어 감각이라고 볼 수 있어요. 보통, '지시 + 수량 + 크기 + 모양 + 성질 + 색깔 + 재료' 순으로 정리됩니다. 그래서 Two(수량) + great(크기) + white(색깔) birds로 배열된 거죠. 이 때 great는 '위대한'이 아니라, '(양, 크기, 정도가) 큰'이라는 뜻으로 보는 것이 맞습니다.

두 번째 문장을 보는 순간 사물주어로 구조를 변형해야 한다는 생각을 하셨나요? 만약 못했다면 1장과 2장을 다시 공부하시길 권합니다. '그가 느낌을 받았다'는 '~이 그로 하여금 ~한 느낌을 받게 만들었다'고 하는 5형식 문장으로 바꾸는 것이 맞습니다. '어느 것도 ~하지 못했다'는 대명사 nothing을 이용해 부정을 강조하는 것이 좋겠네요. Nothing he had ever seen before in all his life had made him feel quite the way he felt.와 같이 말이죠. 과거의 순간에 그 이전의 일을 말하고 있기 때문에 과거완료형이 계속 등장하고 있습니다.

'그 엄청난 크기의 백조 두 마리가 있는 야생의 작은 연못에서'는 앞에서 배운 절을 대신할 수 있는 전치사구가 필요한 자리입니다. 바로 in the presence of가 '~가 있는'을 해결할 수 있죠. On that wild little pond, in the presence of those two enormous swans라고 하면 괜찮겠네요. 사이에 쉼표를 두어 두 개의 수식 내용을 구분하고 있습니다. 이때 쉼표를 찍지 않았다면 in the presence of 이하의 내용이 pond를 꾸며 주게 되지만, 쉼표로 인해 두 개의 부사가 he felt를 각각 수식하게 됩니다.

마지막 문장에는 암컷과 수컷의 모습을 설명하는 두 개의 내용이 있습니다. 이때 어떤 방식으로 이 두 문장을 연결하는 것이 좋을까요? 대등접속사 and일까요? 종속접속사 when 혹은 while일까요? 원어민들은 아마도 세미콜론(;)을 쓸 것 같습니다. The female was sitting on eggs; the male glided slowly back and forth, guarding her.와 같이 말이죠. 세미콜론은 주로 유사한 기능을 하는 문장을 반복적으로 연결할 때 등장합니다. 암컷과 수컷의 상황을 같은 무게로 열거하는 내용으로 봐야 합니다.

'알을 품다'는 sit on이면 충분합니다. 한영사전에서 제시하는 incubate는 알을 품어 부화되는 전 과정을 아우르는 동사입니다. 단순히 알을 품고 있는 모습이라면 sit on eggs라고 하면 됩니다. '활공으로 하늘을 왔다 갔다 하다'는 glide back and forth로 해결됩니다. 그렇게 해서 암컷을 지키고 있으니 대등접속사 and가 생략된 분사구문으로, guarding her가 따라옵니다.

모범답안 03 **1** He had seen the two great white birds with their long white necks and black bills. **2** Nothing he had ever seen before in all his life had made him feel quite the way he felt, on that wild little pond, in the presence of those two enormous swans. **3** The female was sitting on eggs; the male glided slowly back and forth, guarding her. [23]

04

1 그는 몸을 일으켜 물속에서 기어 나왔고, 움직임으로 인한 고통에 신음했다. **2** 그의 다리에서는 불이 났고, 그의 이마는 마치 누군가가 망치로 때리고 있는 것 같은 느낌이 들었다. **3** 그 축축하고 푹신한 물가에서 나와 어떤 관목들로 이루어진 작은 숲 근처에 닿을 때까지 그는 손과 무릎으로 기어갔다.

1
_____

_____

Tip 기다 **crawl** / 신음하다 **grun**

2
_____

_____

Tip 이마 **forehead** / 망치 **hammer**

3
_____

_____

Tip 작은 숲 **a small stand** / 관목 **bush**

첫 문장의 '물속에서 기어 나오다'는 3장에서 배운 대로 out of가 '나오다'를 동사 crawl이 '기어'를 담당하는 구조로 만들고, 그 뒤로 덧붙여지는 '움직임으로 인한 고통에 신음했다'는 4장에서 배운 대로 대등접속사 and를 대신하는 분사구문으로 처리하면 되겠네요. He raised himself and crawled out of the water, grunting with the pain of movement.로 완성됩니다.

'신음하다'라고 하면 grunt보다는 groan이 알려져 있죠. 보통 아프거나 힘들어 끙끙되는 경우로 Injured soldiers groaned at the pain. (부상당한 군인들이 고통에 신음했다.)과 같이 사용할 수 있습니다. grunt는 아픈 경우만 아니라 He grunted at his mother and left the room. (그는 엄마에게 뭐라고 하더니 방을 나가 버렸다.)와 같이 불만이나 화가 나서 앓는 소리나 말을 해도 쓸 수 있어요. 위 문장은 전자로 봐야겠죠.

두 번째 문장의 '다리에서는 불이 났다'를 어떻게 표현할 수 있을까요? '불이 났다'는 어떻게 났는가에 따라 다양한 표현이 있습니다. 사고로 불이 나면 catch fire (ex. The bus caught fire. 버스에서 불이 났다.), 누군가가 일부러 불을 내면, set something on fire (ex. Someone set it on fire. 누군가 거기에 불을 냈다.), 불을 특정 목적을 위해 피우면 make/build a fire (ex. Let's gather twigs to make a fire. 불을 피우기 위해 잔가지를 모으러 가자.), **어떤 것이 단순히 불이 났다고 하면 something is on fire라고 하면 됩니다. 그렇다면 His legs were on fire.라고 하면 되겠네요.**

'마치 ~같은 느낌이 들다'는 feel as if를 기억하시면 됩니다. 실제로 망치로 때린 것이 아니니 가정법을 활용해 if절의 시제를 had + p.p.로 해서 his forehead felt as if somebody had been pounding on it with a hammer로 완성됩니다. pound는 엄청난 힘을 가지고 반복적으로 때릴 때 사용하는 단어이죠. smack은 손바닥으로 후려칠 때, batter는 오랜 기간 사람을 구타할 때, pummel은 주먹으로 계속 칠 때와 같이 특정한 문맥을 가집니다.

마지막 문장에서 유념해야 할 부분은 접속사 until로 시작되는 부사절의 성격입니다. 한국말로 '~할 때까지'로 해석되지만 정확히 말하면 '(특정한 상태가) 될 때까지'라 할 수 있습니다. 그래서 until 부사절에는 일시적인 변화나 동작이 아니라 상태를 나타내는 표현이 오는 경우가 많죠. 앞에서 다룬 기본 문형에서 '그녀는 몸을 간신히 끌어올려 앉아 나무에 등을 기댔다'를 until her back was against a tree와 같이 전치사구를 이용해 상태를 표현한 것도 같은 이유입니다.

이런 이유로 인해 '그 축축하고 푹신한 물가에서 나와 어떤 관목들로 이루어진 작은 숲 근처에 닿을 때까지'라는 마지막 문장도 '나오다'를 get out of와 같은 동사가 아니라 away로, '근처에 닿다'를 동사 reach가 아닌 near로 표현해야 한다는 거죠. He crawled on his hands and keens until he was away from the wet-soft shore and near a small stand of bush of some kind.로 완성할 수 있겠네요.

모범답안 04   **1** He raised himself and crawled out of the water, grunting with the pain of movement. **2** His legs were on fire, and his forehead felt as if somebody had been pounding on it with a hammer. **3** He crawled on his hands and knees until he was away from the wet-soft shore and near a small stand of brush of some kind. [24]

—

CHAPTER 7

네이티브는
부정 의미를 다양한 형태로 표현한다

영어에서는 부정문을 만들 때 다양한 가능성을 열어 두고 있습니다. 그럼에도 불구하고 한국인들은 부정부사 not이나 never로 대부분의 부정을 표현하려고 합니다. 이런 한계로 인해 결이 다른 부정의 의미가 단순한 구조로 반복적으로 생산되고 있죠. 예를 들어, '두 사람 모두 오지 않았다'고 할 때 Neither has come.이라고 말할 수 있어야 하고, '우리는 거의 발견한 것이 없다'고 할 때도 We have found little.이라고 할 수 있어야 한다는 겁니다. Little more than, no more than, not more than, none other than과 같은 관용 표현들도 한국인들을 괴롭히는 대표적인 부정 표현입니다. 이 장에서는 이와 같이 한국인들이 놓치고 있는 세련된 부정 표현들을 공부해 보도록 하겠습니다.

01

아래의 문장을 영어로 표현하세요.

그녀는 그녀의 엄마와 거의 닮지 않았다.

▶

Tip 닮음 **resemblance**

'거의 ~하지 않다'고 하면 **little**과 **few**가 먼저 생각납니다. 다양한 품사로 활용할 수 있어 쓰이는 문맥도 많죠. **We have little to share.** (우리는 나눠 가질 것이 거의 없다.)와 같은 대명사, **There is little water.** (물이 거의 없다.)와 같은 형용사, **I know little about him.** (나는 그에 대해서 잘 알지 못한다.)와 같은 부사로 활용될 수 있어요. 이때 little은 셀 수 없는, few는 셀 수 있는 경우에 쓰인다는 것 빼고는 거의 동일합니다. 위 문장에서 '거의 닮지 않았다'도 형용사 little을 활용해 She bears little resemblance to her mother. 라고 하면 되죠. '~을 닮다'라고 할 때 종종 등장하는 take after는 성격이나 외모 모두를 의미하지만, bear resemblance는 외모를 닮았다는 의미만 가집니다. 동사로 쓰인 bear도 '~을 (표면적으로) 가지다'의 뜻(ex. He still bears a scar on his back. 그의 등에 여전히 상처가 있다.)으로 쓰이므로 resemblance와 궁합이 맞죠.

Ans She bears little resemblance to her mother.

02

그들의 독립은 미화된 폭력 행위에 지나지 않는다.

▶

Tip 미화하다 **glorify** / 폭력 행위 **violence**

'~에 지나지 않는다'를 보는 순간 당황하셨을 겁니다. 어떻게 표현할지 좀 난감하죠. 이때 반드시 기억해야 할 표현이 바로 **no more than**입니다. '그 이상이 아닌', 즉 독립과 폭력 행위는 같다는 사실을 강조해 주는 기능을 합니다. **no** 대신에 **little**을 넣어도 유사한 기능을 할 수 있죠. **Their independence was no (or little) more than glorified violence.**라고 할 수 있겠네요. not more than과는 차이가 있는데요, 이것은 강조 기능 없이 단순히 더 이상이 아니다(ex. He was a kid, not more than five. 그는 다섯 살도 안되는 아이예요.)의 뜻을 가지죠. 그렇다면 no less than은 어떤 뜻일까요? 이 표현은 매우 긍정적입니다. '~보다 적지 않다', 즉 많음을 강조할 때(ex. This company has no less than 3000 employees. 이 회사는 3000명이나 되는 직원을 두고 있다.) 사용하죠. 참고로 none other than은 '다름 아닌'의 뜻으로 The king was none other than her son. (왕은 다름 아닌 그의 아들이었다.)이라고 합니다.

Ans Their independence was no more than glorified violence.

03

둘 중 어느 누구도 패배를 인정하지 않았다.

●

Tip 인정하다 **admin**

'둘 중 어느 누구도 ~하지 않다'를 표현할 수 있는 최상의 단어는 neither입니다. neither는 대명사로 Neither of my parents has come to my wedding.(부모님 두 분 중 어느 누구도 내 결혼식에 오시지 않았다.), 한정사로 Neither side won.(둘 중 어느 누구도 이기지 못했다.)이라고 할 수 있죠. 부사로는 He can't remember her name and neither can I.(그는 그녀의 이름을 기억 못했고, 나도 못했다.)라고 하거나, 접속사 nor과 함께 He seems neither charming nor smart.(그는 매력적이지도 똑똑하지도 않은 것 같다.)와 같이 쓰입니다. nor도 She never saw him again, nor did she knew he was alive.(그녀는 그를 다시 본적이 없고, 그가 살아 있다는 것도 알지 못했다.)와 같이 독립적인 활용이 가능합니다. 이 중에서 위 문장은 대명사 neither를 활용해, Neither of the two admitted their defeat.라고 하면 좋겠네요. 참고로 admit은 잘못한 일 혹은 인정하고 싶지 않은 것을 인정한다고 할 때 쓰는 단어입니다.

Ans Neither of the two admitted their defeat.

04

그녀를 이 마을 어느 곳에서도 다시 볼 수 없었다.

⊙

Tip 마을 **town**

부정문을 만들 수 있는 재료는 다양합니다. 그 중 대표적인 것이 hardly, never, seldom과 같은 부사들이죠. **하지만 한국인들에게 알려지지 않은 유용한 부사가 있으니, 그것은 바로 '어디에도 없다'는 뜻의 nowhere입니다. 위 문장도 She was nowhere to be seen in the town.으로 간단하게 해결할 수 있어요.** 미래의 뉘앙스를 살리는 부정사를 이용해 '(해당 시점) ~이후 다시'를 표현하면 되고요. nowhere는 다양한 맥락에서 숙어로 활용되고 있는데요, '그 어느 곳에도 가지 못한다'란 의미로, The peace talks are going nowhere. (평화 협상에 진전이 없다.)와 같이 제대로 진행되지 않거나 난관에 봉착한 경우 쓸 수 있죠. 또한 갑작스럽게 어떤 것이 등장하거나 발생한 경우에도 A swarm of locusts came from nowhere and devoured everything. (메뚜기 떼가 갑자기 나타나서 모든 것을 먹어 치웠다.)과 같이 표현할 수 있습니다.

Ans She was nowhere to be seen in the town.

01

1 26,000피트 위로 올라가면 산소가 거의 없어서 등반자들의 몸이 적응할 수가 없습니다. **2** 이 높이에 남아 있으면 누구든 몸이 점점 약해져 결국 죽게 됩니다. **3** 일단 이곳에 등반자들이 도달하면 하루나 이틀 안에 정상을 올라야 하는 이유이죠. 만약 그렇게 하지 않으면 더 아래 캠프로 반드시 내려와야 합니다.

1
_____

_____

Tip 적응하다 **adapt**

2
_____

_____

Tip 높이 **elevation**

3
_____

_____

Tip 정상 **summit** / 내려오다 **descend**

첫 문장의 '26,000피트 위로 올라가면'을 When you climb up to 26,000 feet라고 하셨나요? 여기서도 부사절이 아니라 전치사구 above 26,000 feet를 씁니다. When you climb up to를 전치사 above 하나로 해결한 거죠. **이후 주절의 '산소가 거의 없다'는 부정을 나타내는 little을 활용해 there is so little oxygen that climbers' bodies can't adapt.로 완성합니다.** '너무 ~해서 … 하다'의 so ~ that 구문도 자주 활용되는 문형 이죠.

'이 높이에 남아 있으면 누구든'은 부사절로 처리해서는 안 됩니다. 이런 식의 문형을 나타내는 영어식 표현은 anyone who라고 할 수 있죠. 즉, anyone who remains at this elevation이면 충분합니다. remain은 다른 사람은 떠났는데 남아 있는(ex. My family left, but I remained in Japan. 우리 가족은 떠났지만 나는 일본에 남았다.), 다른 것은 없어졌는데 남아 있는(ex. Only the steeple remained after the fire. 화재 이후 교회 첨탑만 남았다.), 처리되지 않고 남아 있는(ex. Many things remain to be done. 해야 할 많은 일이 남아 있다.), 변함없이 어떠한 상태로 남아 있는(ex. He remains seated. 그는 계속 앉아 있다.)의 다양한 문맥에서 쓰입니다.

'높이'로 가장 잘 알려진 단어는 height이죠. 그런데 위 문 장의 경우 해발에서부터 측정한 산의 높이이기 때문에 elevation을 씁니다. 이런 특정한 높이를 칭하는 용어는 정해 져 있죠. altitude도 비행기와 같이 움직이는 물체의 해발고 도를 뜻하는 용어입니다. 하지만 두 단어는 혼용해서 쓰는 경우가 많습니다.

'누구든 몸이 점점 약해져 결국 죽게 됩니다'에서 '점점 ~하 다'를 '비교급 + 비교급'으로 나타낼 수 있죠. 즉, get weaker and weaker and eventually die와 같은 식입니다. 주로 문미에는 '결과적인 상황'이 나옵니다. 가장 일반적으로 알려진 표현이 until 구문이죠. The balloon grow bigger and bigger until it pops.(풍선은 점점 커져서 결국 터진다.)와 같이 표현됩니다.

세 번째 문장에서는 부사절의 위치를 눈여겨볼 필요가 있습니다. 문장을 완성해 보면, That is why, once they reach this altitude, climbers have to get to the summit within a day or two.라고 할 수 있죠. 부사절은 이렇듯 문장 사이에도 얼마든지 들어갈 수 있어요. 청자의 이해를 용이하게 만드는 최상의 구조를 찾는 작업입니다. 여기서 once 부사절을 문장 앞에 두었다면, That's why의 영향력이 많이 줄었겠죠.

마지막 문장은 If they don't, they must descend to the lower camp.라고 하면 됩니다. 여기서 '내려가다'를 descend를 쓰고 있어요. 보통 '(산에서) 내려가다'라고 하면 go down, climb down 등으로 표기할 수 있죠. 하지만 descend는 경사면을 내려간다는 특수한 문맥을 가집니다. 등산로도 경사면이니 맞는 표현이죠. 반대말은 ascend로 비스듬하게 올라간다는 뜻을 가집니다.

모범답안 01 **1** Above 26,000 feet, there is so little oxygen that climbers' bodies can't adapt. **2** Anyone who remains at this elevation will get weaker and weaker and eventually die. **3** That's why, once they reach this altitude, climbers have to get to the summit within a day or two. If they don't, they must descend to the lower camp. [25]

02

아래의 문장을 영어로 표현하세요.

1 이탈리아에서 태어난 위대한 탐험가인 크리스토퍼 콜럼버스(Christopher Columbus)가 1492년 스페인에서 출항할 때 그는 중국으로 가는 서쪽 항로를 발견하기를 바라고 있었죠. 2 그는 바다로 그곳에 가는 것이 실크로드를 따라 육로로 가는 것보다 더 빠르고 안전할 것이라고 기대했죠. 3 콜럼버스는 그의 서쪽 항로를 결코 발견하지 못했고, 미국 대륙에 도착했다는 사실도 알지 못했어요.

1

Tip 출항하다 **set sail** / 서쪽 항로 **western sea route**

2

Tip 육로로 **overland**

3

Tip 미국 대륙 **the Americas**

첫 문장 '이탈리아에서 태어난 위대한 탐험가'가 '크리스토 퍼 콜럼버스'를 동격으로 수식하는 구조입니다. 이 경우 수식어를 앞에 둘 수도 있고, 뒤에 둘 수도 있죠. 여기서는 The great Italian-born explorer Christopher Columbus로 앞에 두었습니다. '이탈리아에서 태어난'을 Italy-born이 아니라 Italian-born이라고 했네요. Italy 지명을 사용하면 '그곳에서 태어난'이 되고, 이와 같이 Italian을 쓰면 '이탈리아의 국적을 가지고 태어난'이 됩니다. 한국어에서는 군이 구분하지 않기 때문에 둘 다 '이탈리아에서 태어난'으로 해석합니다.

'출항하다'는 set sail입니다. 여기서 sail을 '돛'을 의미하기 때문에 '돛을 세우다' 정도로 이해하면 좋겠네요. '그는 중국으로 가는 서쪽 항로를 발견하기를 바라고 있었죠'에서 과거 진행형을 써야 한다는 사실을 꼭 기억하세요. 진행형은 행동의 진행만 아니라 상태의 진행(ex. She is wearing a scarf. 그녀는 스카프를 매고 있다.), 일정한 기간 동안 지속되는 활동이나 행위(ex. I am taking a music course this semester. 이번 학기 음악 수업을 듣고 있다.)도 진행형을 써야 합니다. 스페인으로 떠나기 전 몇 주 혹은 몇 달의 기간 동안 바라고 있었다는 의도로 진행형이 필요한 문맥입니다.

I **HOPE** you will pass the test.

'바라다' 혹은 '원하다'라고 할 때 대표적인 단어로 want, hope, wish가 있습니다. want는 단순히 어떤 것을 원한다는 뜻으로, I want your love. (나는 당신의 사랑을 원해요.)라고 할 수 있죠. hope는 어떤 일이 앞으로 일어나기를 원한다는 뜻으로, I hope you will pass the test. (나는 당신이 시험을 통과하기를 원해요.)라고 하죠. wish도 hope와 같이 앞으로의 일을 바라고 있지만 hope는 가능성이 있다고 믿고 바라는 것에 비해 wish는 가능성이 낮거나 전혀 없음을 알고서도 바란다는 뉘앙스를 가지죠. 위 문맥은 hope가 들어가야 할 자리입니다.

두 번째 문장에도 '기대하다'의 자리에 hope의 과거형이 들어갑니다. 바라면서 기대하면 hope, 단순히 예측이나 예상으로 기대하면 expect입니다. '바다로 그곳에 가는 것'과 '육로로 가는 것' 모두 동명사구가 필요하네요. 바다로 그곳에 가는 것을 sailing there, 육지로 가는 것은 travelling overland로 표현할 수 있습니다. 비행기를 타고 갔다면 flying there, 말을 타고 갔다면 riding there 등 '가다'는 가는 방식에 따라 다양한 표현이 있죠.

문장을 완성해 보면 He hoped that sailing there would be quicker and safer than travelling overland along the Silk Road.라고 할 수 있겠네요. 여기서 주목할 점은 '빠르다'를 fast가 아니라 quick이라고 것입니다. fast는 속도가 빠르다는 의미이지만, quick은 행동이나 진행이 빨라 비교 대상보다 빨리 끝낼 수 있다는 의미이므로 위 문맥에는 반드시 quick을 써야 합니다. 한국인들의 실수가 잦은 단어이니 꼭 기억하세요.

마지막 문장에서 핵심 내용이 등장하네요. '~도 아니고, ~도 아니다' 맞습니다. not/never…nor 구문이 필요한 문맥이죠. **Columbus never found his western sea route. Nor did he know he had reached the Americas.**로 완성됩니다. **nor**는 접속사로서 두 개의 문장을 연결하지만 이렇듯 앞 문장에 마침표를 찍고 뒤 문장 앞에 위치할 수도 있습니다. 물론 뒤 문장은 도치가 일어나야 하니 일반동사 **know**를 대신해 **do**가 도치됩니다. 과거형이니 **did**로 전환이 필요하네요.

모범답안 02 **1** When the great Italian-born explorer Christopher Columbus set sail from Spain in 1492, he was hoping to find a western sea route to China. **2** He hoped that sailing there would be quicker and safer than travelling overland along the Silk Road. **3** Columbus never found his western sea route. Nor did he know he had reached the Americas. [26]

03

1 거울은 이들의 손에서 미끄러지고 땅에 떨어져 백만 개의 작은 조각으로 부서졌다. **2** 일부 조각들은 모래 알갱이 크기에 지나지 않았지만, 이들은 거울 전체만큼의 힘을 가지고 있었다. **3** 단 한 개의 입자가 누군가의 눈에 들어가기만 해도 모든 것이 끔찍한 모습으로 실제와 다르게 보였다.

1
_____

_____

Tip 미끄러지다 **slip** / 떨어지다 **crash**

2
_____

_____

Tip 모래 알갱이 **a grain of sand**

3
_____

_____

Tip 입자 **speck** / 끔찍한 **horrible** / 실제와 다른 **wrong**

거울이 의도치 않게 손에서 미끄러졌네요. 사고나 실수로 미끄러질 때는 slip을 쓰는 것이 맞죠. slide는 의도적으로 표면을 부드럽게 밀고 나간다는 뜻으로 위 문맥에는 맞지 않습니다. '땅에 떨어지다'에서도 fall보다는 crash가 좋습니다. 백만 개의 작은 조각으로 부서질 정도면 내려치듯이 강하게 떨어졌다는 의미이니까요. The mirror slipped from their hands, crashed to the ground, and broke into a million tiny pieces.로 정리가 됩니다.

crash는 일상적으로 많이 쓰이는 명사이기도 합니다. 갑작스러운 충돌, 추락, 고장을 뜻하는 단어이죠. 대표적인 예가 자동차 충돌(ex. A five-year-old boy was cut from the wreckage of a three-car crash yesterday. 어제 삼중충돌 사고의 잔해 속에서 다섯 살 남자아이가 구출되었다.), 주식 시장 폭락(ex. There must be something behind the recent stock market crash. 최근 주식 시장 폭락의 배후에는 분명 무엇인가 있다.), 갑작스러운 고장(ex. Here are several computer crash prevention tips. 전산망 마비를 예방할 수 있는 몇 가지 팁이 여기 있습니다.)을 들 수 있죠.

두 번째 문장에서 '모래 알갱이 크기에 지나지 않는다'를 어떻게 영어로 쓸지가 까다롭습니다. 사실 앞에서 부정을 만드는 핵심 문형 기본 연습에서 이미 유사한 문장을 공부했죠. '그들의 독립은 미화된 폭력행위에 지나지 않는다'의 no more than을 기억하시나요? 위의 문장은 크기를 나타내고 있기 때문에 no more than 대신 no bigger than을 쓰면 간단하게 해결할 수 있어요. Some pieces were no bigger than a grain of sand.와 같은 식이죠.

'이들은 거울 전체만큼의 힘을 가지고 있다'는 as ~ as 구문 없이는 표현하기가 어려운 문장입니다. 힘의 정도를 기준으로 거울 전체와 거울의 조각들이 비교되고 있는 구조로,

They (= the pieces) are as powerful as the whole mirror.라고 하면 됩니다. 앞에서도 강조했듯이, 여기서 앞의 as는 부사, 뒤의 as는 접속사 혹은 전치사로 품사가 다릅니다.

마지막 문장에서 '눈에 들어간다'를 fly into로 표현한다는 것을 놓치면 안됩니다. '~에 들어간다'고 하면 go, come, get의 동사를 떠오르기 쉽지만 공중에서 빠르게 가는 것이기 때문에 fly가 와야 합니다. If a speck flew into someone's eye로 부사절이 만들어집니다. 이때 '입자'를 particle이 아니라 speck을 썼죠. 먼지 입자 같은 정말 작은 입자를 강조하려는 의도로 볼 수 있습니다.

'모든 것이 끔찍한 모습으로 실제와 다르게 보였다'는 의외로 간단합니다. Everything looked horrible and wrong.이면 되거든요. look 자체가 모습을 표현할 수 있죠. 그리고 '사실과 다르게 그릇되다'란 뜻을 wrong이 담아낼 수 있습니다. wrong은 이 외에도 '문제가 있다'(ex. There is something wrong with my computer. 내 컴퓨터에 문제가 있다.), '적절하지 않다'(ex. He is considered the wrong person for this job. 그는 이 일에 적절하지 않다고 여겨지고 있다.)와 같은 문맥에서도 얼마든지 쓰일 수 있습니다.

모범답안 03 **1** The mirror slipped from their hands, crashed to the ground and broke into a million tiny pieces.
2 Some pieces were no bigger than a grain of sand, but they were as powerful as the whole mirror.
3 If a speck flew into someone's eye, everything looked horrible and wrong. [27]

1 눈물을 흘릴 위험을 감수하지 않고 아빠를 떠올리는 것은 여전히 불가능했다. 오직 그녀의 엄마만이 아무렇지 않게 아빠에 대해 얘기할 수 있었다. **2** 분명 엄마도 재미로 떠도는 악의적인 소문을 알고 있었다. **3** 하지만 겉으로는 전혀 표시를 내지 않았다. 그 어떤 것도 겉으로 보이는 그녀의 고요함을 흩트려 놓지 못했다.

1

_____

_____

Tip 아무렇게 않게 **in a natural way**

2

_____

_____

Tip 재미로 **smugly** / 악의적인 **vicious**

3

_____

_____

Tip 겉으로 **outward** / 고요함 **serenity** / 흩트려 놓다 **ruffle**

첫 문장의 주어는 '아빠를 떠올리는 것'이죠. 주어가 길 경우에는 가주어 it을 사용하고 진주어를 뒤로 보냅니다. It was still not possible to think about her. 와 같이 말이죠. '눈물을 흘릴 위험을 감수하지 않고'는 전치사구 without the danger of tears라고 하면 됩니다. danger는 여기서 불이익나 해를 줄 일이 생길 가능성으로 이해하는 것이 맞습니다.

without이 이끄는 전치사구는 부정을 나타내는 세련된 방법중 하나입니다. 예를 들어, '이 땅은 척박하고 식물을 기를 만한 충분한 영양분이 없다'고 할 때도 The soil is poor, without enough nutrients to grow plants.와 같이 부정의 형용사구를 만들 수 있고요, '그는 아는 척도 하지 않고 가 버렸다'고 할 때도 He left without any sign of recognition.과 같이 부정의 부사구도 만들 수 있습니다.

세 번째 문장의 '재미로 떠도는 악의적인 소문'이 꽤 까다롭습니다. 이 표현은 부사 smugly 없이는 표현하기 힘들 듯하네요. '본인이 한 행동에 매우 만족해서 기쁜 마음에 행하는'이라는 아주 긴 설명이 덧붙은 단어입니다. 즉, smugly vicious gossip 정도면 좋을 듯합니다. '악의적인'이라고 할 때 malicious도 가능하죠. 두 단어는 사용되는 문맥이 유사하지만 malicious는 상대방을 해하고 화나게 만들려는 의도, vicious는 악의적이고 공격적인 본질을 강조하는 뉘앙스를 가집니다.

네 번째 문장의 '겉으로는 전혀 표시를 내지 않다'도 not이나 never가 아닌 형용사 no가 부정을 담당합니다. She gave no outward sign.과 같이 말이죠. 이와 관련하여 '전혀 ~할 기미를 보이지 않다'란 뜻의 관용 표현인 show no sign of something이 많이 알려져 있습니다. 예를 들어,

'폭풍이 잦아들 기미를 보이지 않았다'고 할 때 **The storm showed no sign of dying away.**라고 하죠. 위에 쓰인 sign도 부정 형용사 no의 도움을 받는 것이 좋을 듯합니다.

마지막 문장의 부정은 대명사 nothing을 활용할 수 있습니다. 주어를 부정어로 만드는 것이 가장 강력한 부정의 효과를 가져올 수 있어요. 문장을 완성해 보면, **Nothing ruffled the serenity of her expression.**이라고 할 수 있죠. '겉으로 보이는'을 of her expression으로 표현한 것이 인상적입니다. expression은 '감정이나 생각을 말이나 행동으로 나타내는 것'이라고 사전에서 정의하고 있으니 의미적으로 맞다고 볼 수 있네요. '흐트려 놓다'란 뜻이 ruffle 한 단어로 가능하다는 것도 기억해 두세요.

'고요함'은 silence, serenity, tranquility 등의 단어가 있습니다. silence는 말이나 소음이 없는 고요함(ex. Loud music broke the silence of a theater. 시끄러운 음악이 극장의 고요함을 깼다.), serenity는 걱정이나 동요가 없는 고요함(ex. People are seeking the serenity of meditation. 사람들은 명상의 고요함을 추구한다.), tranquility는 혼동이나 방해로부터 평화로운 고요함(ex. I want to live in peace and tranquility. 나는 평화롭고 고요하게 살고 싶다.)이라고 할 수 있죠.

모범답안 04   **1** It was still not possible to think about her father without the danger of tears. Only her mother could talk about him in a natural way.   **2** Surely her mother must be aware of the smugly vicious gossip. **3** But she gave no outward sign. Nothing ruffled the serenity of her expression. [28]

|

CHAPTER 8

네이티브는 동시 상황, 상태, 원인을 나타낼 때 with를 사용한다

동시상황의 with는 영어 문법이나 시험에서 자주 언급되는 용법입니다. 하지만 한국인의 실제 글에서는 찾아보기는 쉽지 않죠. 원어민의 문장에서는 이 용법이 다양한 문맥에서 사용되고 있어요. 그래서 등장하는 빈도도 높죠. 상황만 아니라 상태, 이유 등도 동시에 발생하면 뭐든지 'with + 목적어 + 수식어'로 나타낼 수 있습니다. 예를 들어, He was strolling with his head down.(그는 머리를 숙인 채 천천히 걸어가고 있었다.)과 같이 동시적인 상태를, I am considering an old people's home with my wife gone.(아내도 이 세상에 없으니 양로원을 고려하고 있다.)과 같이 동시 상황을, The market is going crazy with share prices plunging yesterday.(주식이 어제 폭락해서 시장이 공황 상태이다.)와 같이 동시적인 이유도 'with + 목적어 + 수식어'로 표현할 수 있습니다.

01

아래의 문장을 영어로 표현하세요.

그는 바지가 찢어지고 눈 아래에 큰 멍이 든 채 들어왔다.

▶

Tip 찢어진 **torn** / 멍 **bruise**

동시 상태를 나타내는 문장이네요. '바지가 찢어진'은 **with his pants torn**이라고 하면 되겠고, '눈에 큰 멍이 든'은 **with a big bruise under his eye**라고 하면 됩니다. '들어왔다'는 말을 하고 있는 사람 쪽으로 온 것이니 come, 안으로 들어왔으니 부사 in을 사용하면 되죠. 문장을 완성해 보면, He came in with his pants torn and a big bruise under his eye.가 됩니다. 목적어 뒤 수식어 자리에는 분사, 전치사구 등 다양한 형태의 형용사가 올 수 있어요. torn은 tear의 과거분사형으로 '찢어진'이라는 수동의 의미를 나타내죠. 이와 같이 물리적으로 찢는 것 외에도 This has torn the nation apart. (이것은 국가를 양분시켰다.)와 같이 대립과 갈등을 표현할 수도 있어요. 아픔을 나타내는 단어로는 '멍'을 뜻하는 bruise 외에도 삐었을 땐 sprain, 부은 것은 swelling, 쥐가 난 것은 cramp, 결림은 strain이라고 합니다.

Ans He came in with his pants torn and a big bruise under his eye.

그가 주변을 배회하며 관광을 즐기던 어느 날 이야기는 시작된다.

▶

'~하던 어느 날'을 표현할 수 있는 최상의 구조는 무엇일까요? 고민 없이 **when**을 쓰셨나요? 이때 '**with + 목적어 + 수식어**'의 구조로 동시적인 상황을 나타냈다면 여러분의 문장은 높은 평가를 받게 됩니다. **The story begins on one day, with him wandering around and taking delight in sightseeing.**과 같이 말이죠. 한국인들에게 특히 취약한 것이 이런 '동시적인 상황'을 나타내는 **with** 구문입니다. 특히 목적어 자리에 사람이 올 경우 술부의 내용을 분사로 나타내는 것이 일반적이죠. 이 문맥에서 '배회하다'는 wander around가 적격입니다. 목적 없이 여기저기를 느긋 하게 걸어 다닌다는 의미라고 볼 수 있죠. stroll은 뭔가를 즐 기기 위해, amble은 편안함이 강조된 천천히 걷기라고 할 수 있습니다. '~을 즐기다'를 take delight in으로 표현할 수 있 다는 것도 주요한 내용이네요.

Ans The story begins on one day, with him wandering around and taking delight in sightseeing.

03

남편이 타지에 있어 아이 키우는 일이 그녀에게는 분명 힘들었을 겁니다.

Tip 키우다 **raise**

위 문장에 대다수의 한국인들은 because가 이끄는 부사절을 썼을 겁니다. 하지만 because 대신 'with + 목적어 + 수식어' 구조가 가능한 건 아닌지 고민해 봐야 해요. **특히 '~한 상황이기 때문에'로 해석이 가능하다면 with가 더 맞습니다.** 즉 남편이 타지에 있는 상황이 이유가 되는 경우라고 볼 수 있죠. 문장을 완성해 보면 **Raising a child must be difficult for her with her husband being away.가 됩니다.** '아이를 키우기'를 raising a child라고 한 것이 인상적입니다. raise는 '~을 위로 들어올리다'란 뜻으로 알려져 있지만, 이렇듯 '양육하다'란 뜻도 있죠. 이 외에도 '사람이나 돈을 모으다'(ex. We are raising money for a new library. 새로운 도서관 건립을 위해 돈을 모으고 있다.), '~을 제안/언급하다'(ex. He raised concerns about bullying at school. 그는 학교 집단 따돌림에 대해 우려를 표명했다.)와 같은 다양한 뜻이 있습니다.

Ans Raising a child must be difficult for her with her husband being away.

바람도 없고 태양이 바다를 밝게 비추고 있으니, 낚시하기에 딱 좋은 아침이다.

Tip 가만히 있는 **still**

'낚시하기에 딱 좋은 아침'에서 의외의 단어가 등장합니다. 바로 fine이죠. fine은 '평균 이상으로 우수하다'란 뜻으로 품질이 좋은 경우(ex. a fine wine 질 좋은 와인), 건강이 좋은 경우(ex. I feel fine. 나 괜찮아요.), 매력적인 경우(ex. fine-looking man 잘생긴 남자) 등 다양한 문맥에 쓰입니다. 그 중 날씨가 화창하다는 뜻도 있어, It is a fine morning for fishing.이라고 할 수 있죠. **이렇게 주부가 해결되었다면 fine을 구체적으로 설명하는 상황이 열거되면 좋겠죠. 물론 with 구문을 활용합니다. with the air still and the sun bright on the surface of the water라고 하면 어떨까요?** '바람이 불지 않는'에 wind는 등장하지 않습니다. wind는 움직이고 있는 대기의 기류이기 때문에, 대기가 움직이지 않고 있다는 뜻은 with the air still이라고 하면 됩니다. 여기서 air는 '대기', still은 부사 '여전히'가 아니라 형용사 '가만히 있는'임을 기억해야겠죠.

Ans It is a fine morning for fishing, with the air still and the sun bright on the surface of the water.

01

아래의 문장을 영어로 표현하세요.

1 아가사(Agatha)는 유니스 잉거솔(Eunice Ingersoll)을 맞으러 계단을 정신없이 내려갔다. **2** 이때 폴리(Polly)가 손을 뻗어 분홍색 리본 매듭의 고리 중 하나를 잡아챘다. **3** 아가사는 드레스 리본 매듭이 모두 해진 채 계단 아래 서 있었고, 폴리는 그녀의 굳게 쥔 손에 큰 리본 조각을 들고서 계단 위에 있었다.

1

_____

_____

Tip 계단 **steps** / 맞이하다 **greet**

2

_____

_____

Tip 손을 뻗다 **reach out** / 매듭 **bow** / 잡아채다 **take hold of**

3

_____

_____

Tip 해진 **ragged** / 굳게 쥔 손 **fist**

'맞이하다'에 적당한 단어가 의외로 생각이 잘 나지 않습니다. welcome일까요? 만약 도착한 사람을 웃는 얼굴로 친절하게 맞이한다면 welcome이 맞습니다. 하지만 단순히 사람을 만나 인사를 나누는 수준의 맞이함이라면 greet를 써야 하죠. 위 첫 문장도 Agatha rushed down the steps to greet Eunice Ingersoll.과 같이 greet가 맞습니다. '정신없이 내려가다'는 앞에서 배운 대로 '정신없이'를 rush가 '내려가다'를 down이 담당하면 됩니다.

두 번째 문장에서는 '손을 뻗다'가 reach out, '잡아채다'가 take hold of라는 점만 알면 기본 구조는 해결됩니다. '~에 도착하다'로 알려진 reach는 '(무언가를 만지거나 닿기 위해) 손을 뻗다'란 뜻이 있죠. reach out은 밖으로, reach down은 아래로, reach into는 안으로 뻗는 경우이죠. 이 외에도 특정한 수준이나 지점에 도달한다는 뜻(ex. Today's temperature will reach over 45 degree Celsius. 오늘 기온이 섭씨 45도를 넘어갈 것이다.), 목표를 달성한다는 뜻(ex. How long will it take to reach our goal? 우리 목표를 달성하는 데 얼마나 오래 걸릴까요?)도 있습니다.

'잡아채다'의 take hold of는 hold를 명사 '잡기'로 쓰고 있죠. 잡은 것을 놓치면 lose hold of(ex. She lost her hold on the rope. 그녀는 잡고 있던 로프를 놓쳤다.), 계속 잡고 있으면 keep hold of(ex. Please keep hold of his hand. 그의 손을 계속 잡고 계세요.)라고 합니다. '잡기'에서 발전하여 '통제할 수 있는 힘'(ex. He failed to get a hold of his anger. 그는 화를 참지 못했다.)의 뜻도 있습니다. 문장을 완성해 보면, Polly reached out and took hold of one of the loops of the pink ribbon bow.가 됩니다. 이때 bow는 '활'이나 '인사'가 아니라 리본의 '매듭'을 뜻하죠.

마지막 문장은 동시 상태의 **with** 없이는 문장 구성 자체가 어렵습니다. '드레스 리본 매듭이 모두 해진 채'는 **with the bow of her dress all ragged**로, '굳게 쥔 손에 큰 리본 조각을 들고서'는 **with a big piece of ribbon in her fist**로 나타낼 수 있죠. rag 는 명사로 '(걸레와 같은) 해진 천'이라는 뜻입니다. 여기에 -ed 형의 형용사로 '누더기가 된', '해진'의 뜻을 가지게 되었죠. '굳게 쥔 손'도 fist 하나로 해결됩니다. 주먹은 굳게 쥔 손이 니까요.

문장을 완성해 보면, Agatha stood at the bottom of the steps with the bow of her dress all ragged. Polly was at the top, with a big piece of ribbon in her fist.가 됩니다. 계단 아래는 under나 below가 아니라 bottom이죠. under는 어떤 대상물에 가려져 아래에 있는 경우(ex. He was asleep under the tree. 그는 나무 아래 자고 있었다.), below는 대상물과 상대적으로 아래에 있을 때(ex. She looked below. 그녀는 아래를 쳐다봤다.), bottom은 대상물 자체의 아랫부분일 때(ex. He cut a hole at the bottom of the door for his dog to pass through. 그는 강아지가 지나갈 수 있도록 문 아래에 구멍을 뚫었다.) 사용합니다.

모범답안 01 **1** Agatha rushed down the steps to greet Eunice Ingersoll. **2** At the same time Polly reached out and took hold of one of the loops of the pink ribbon bow. **3** Agatha stood at the bottom of the steps with the bow of her dress all ragged. Polly was at the top, with a big piece of ribbon in her fist. [29]

02

아래의 문장을 영어로 표현하세요.

1 그녀의 남편이 주변을 우아하게 떠다니고 있을 때 그녀가 그곳에 앉자, 누군가 보고 있다는 이상한 느낌이 들었다. 이 때문에 그녀는 마음이 불편했다. **2** 새들은 누군가 쳐다보는 것을 좋아하지 않는다. 둥지에 있을 때 쳐다보는 것을 특히 싫어한다. **3** 그녀는 예리한 눈으로 침입자 흔적이 있는지 주변 연못가를 살폈다.

1

_____

_____

Tip 마음이 불편한 **uneasy**

2

_____

_____

Tip (빤히) 쳐다보다 **stare at**

3

_____

_____

Tip 연못가 **shore** / 살피다 **search**

첫 문장의 '그녀의 남편이 주변을 우아하게 떠다니고 있을 때'는 when이 아니라, with가 필요한 자리입니다. 동시적인 상황을 묘사하고 있기 때문이죠. 떠 있는 상황에서 암컷이 둥지에 앉은 것이라고 볼 수 있어요. **As she sat there, with her husband floating gracefully nearby**로 부사절을 해결할 수 있습니다. 둥지에 앉을 때도 동작이 진행되고 있으므로 when이 아니라 as를 써서 as she sat there이라고 해야 맞죠.

'이상한 느낌이 들다'라고 할 때 feel strangely보다는 have a strange feeling이라고 하는 경우가 많죠. 한국어의 동사를 영어에서는 명사 feeling으로 처리하고 있네요. '누군가 보고 있다'는 she was being watched입니다. 과거 진행형 수동태를 활용하고 있죠. 여기서 핵심은 '누군가'가 아니라 '그녀가 관찰을 당하고 있다'는 사실에 있기 때문에 적절한 구성이라고 볼 수 있습니다.

두 번째 문장은 2장에서 배운 문형을 활용해야 합니다. '이 때문에'는 앞 문장 전체를 가리켜 하는 말이므로 It made her uneasy와 같은 사물주어 5형식 문형을 쓰는 것이 맞습니다. '마음이 불편하다'는 uncomfortable이 아니라, uneasy라고 해야 하죠. uncomfortable은 물리적이고 상황적인 불편함에 가깝습니다. uncomfortable sofa(불편한 소파)나, uncomfortable silence(불편한 침묵)와 같이 말이죠. 이에 반해 uneasy는 심리적인 불편함을 뜻하죠. I would feel uneasy if you gave me this. (이걸 나에게 주면 내 마음이 불편할 거야.)와 같이 말이죠.

그 다음 문장에서도 계속해서 '누군가 쳐다보다'란 말이 나옵니다. 이전 문장의 watch는 움직임을 관찰하듯이 쳐다본다는 의미였다면, 이번에는 stare at을 써보는 것이 어떨까요? '빤히 뚫어져라 쳐다보다'란 뜻으로, at을 동반하는 1형식 동사입니다. 그래서 동명사나 부정사의 수동태로 바뀌도 전치사 at이 함께 다닙니다. Birds do not like to be stared at.과 같이 at을 포함시켜 위 문장을 완성해야 합니다.

마지막 문장에서도 with가 등장합니다. '~을 가지고', '~을 이용해'로 해석되죠. 한국인들은 이 자리에 불필요하게 관계대명사를 쓰는 경향이 있어요. '치매가 있는 사람'을 people who have dementia가 아니라 people with dementia라고 하면 된다는 거죠. 위 문맥에서도 '예리한 눈을 가지고 (혹은 이용해)'로 해석해서 With her sharp eyes, she searched the nearby shore for signs of an intruder. 라고 하면 해결됩니다.

'살피다'는 한국어 문장에 자주 등장하는 단어 중 하나예요. 영어에서는 문맥에 따라 take care of, check, search, study 중 선택해야 합니다. take care of는 보살핀다는 뜻(ex. I can take care of myself. 난 내 스스로를 보살필 수 있어.), check는 제대로 되고 있는지 살핀다는 뜻(ex. Outside inspectors visit every week to check on our progress. 외부 조사관이 우리 진행 상황을 살피기 위해 매주 방문한다.), search는 무언가를 발견하기 위해 살핀다는 뜻(ex. I have searched everywhere, but I could not find it. 여기저기 다 살펴봤는데 찾을 수가 없었어요.),

study는 주의 깊게 살핀다는 뜻(ex. You had better study the contract

before signing it. 서명하기 전에 계약서를 꼼꼼히 살펴보는 것이 좋아.)을 가지

죠.

모범답안 02 **1** As she sat there, with her husband floating gracefully nearby, she had a strange feeling that she was being watched. It made her uneasy. **2** Birds do not like to be stared at. They particularly dislike being stared at when they are on a nest. **3** With her sharp eyes, she searched the nearby shore for signs of an intruder. [30]

1 숱하게 많은 굶주린 해양 동물들이 자기보다 작은 생명체들을 먹어 치울 만반의 준비를 하고 있기 때문에 작은 생명체들은 보호 장치를 가지고 다녀야만 합니다. **2** 오징어와 그 동류(同類)들은 자신들이 재빨리 달아날 수 있도록 잉크라고 알려진 어두운 색의 액체를 발사하죠. **3** 이들은 머리 근처 튜브에서 나오는 이 잉크를 내뿜어, 물을 흐리게 해서 적들이 앞을 보기 힘들게 만듭니다.

1

Tip 먹어 치우다 **gobble up** / 생명체 **creature** / 보호 장치 **protection**

2

Tip 동류 **relative** /(액체를) 발사하다 **blast out** / 달아남 **getaway**

3

Tip 내뿜다 **squirt** / 흐리게 하다 **cloud**

첫 문장에 표현하기 까다로운 단어들이 꽤 있습니다. '숱하게 많은'을 a lot of라고 한다면 뭔가 부족하죠. 이때 plenty of를 기억하시면 됩니다. 필요한 것 이상으로 너무나 많음을 담고 있어요. '먹어 치우다'를 단순히 eat up이라고 할까요? 이때 유용한 표현이 gobble up입니다. eat up은 '다 먹다'란 뜻(ex. you should eat up the food on your plate. 내 접시에 있는 음식은 다 먹어야 해.)에 불과하지만, gobble up은 '허겁지겁 정신없이 먹다'란 뜻으로 '만반의 준비를 하고 있다'를 지원할 수 있어요.

단어 외에도 첫 문장은 구조적으로도 배울 것이 많습니다. 만반의 준비를 하고 있는 상황이기 때문에 보호 장비를 가지고 다녀야 하는 거죠. 상황이 이유가 되는 경우입니다. 당연히 'with + 목적어 + 수식어'가 필요하죠. With plenty of hungry sea animals ready to gobble them up, smaller creatures need to carry protection.이라고 하면 어떨까요? 여기서 protection은 보호하는 행위만 아니라, 보호하기 위해 사용하는 물건도 뜻하기 때문에 굳이 장비를 영어로 쓸 필요는 없습니다.

두 번째 문장에도 한국인에게는 생소한 단어가 많네요. 우선 동류(同類), 즉 비슷하거나 같은 무리는 relatives라고 하면 됩니다. 이 경우의 '발사하다'에는 fire, launch를 쓸 수 없습니다. 이들은 모두 총이나 로켓을 발사할 때 쓰는 단어이거든요. 물을 발사할 때는 blast out을 씁니다. '달아나다'도 run away라고 하면 뭔가 부족하죠. 대신 make a quick getaway를 추천합니다. 먹물을 발사하고 도망가는 것과 같이 나쁜 일을 저지르고 줄행랑을 칠 때 쓰는 표현입니다. 그럼, Squid and their relatives blast out a dark liquid, known as ink, to help them make a quick getaway.라고 하면 되겠네요.

마지막 문장의 '내뿜다'를 표현할 수 있는 대표적인 단어는 squirt, spurt, gush가 있습니다. 모두 액체나 기체를 내뿜을 때 쓸 수 있지만, 내뿜는 방식이 다릅니다. squirt는 좁은 구멍으로 빠르게 내뿜는 경우(ex. The snake squirted poison to his dog. 그의 개에게 그 뱀은 독을 내뿜었다.), spurt는 엄청난 힘과 속도로 갑자기 내뿜는 경우(ex. Water was spurting out of a big pipe. 큰 파이프에서 물이 솟구쳤다.), gush는 많은 양을 빠르게 내뿜을 경우(ex. Oil gushed out of the hole on the ground. 땅에 난 구멍으로 엄청난 양의 기름이 뿜어져 나왔다.)이죠.

오징어가 좁은 구멍으로 먹물을 내뿜는 것이니 squirt가 맞겠네요. '물을 흐리게 해서 적들이 앞을 보기 힘들게 만듭니다'는 앞 문장과 원인과 결과의 관계로 덧붙여지는 구조이므로 4장에서 배운 대로 분사구문을 쓰는 것이 맞겠죠? '흐리게 만들다'는 '구름'의 뜻을 가진 cloud를 동사로 쓰면 됩니다. 문장을 완성해 보면, They squirt the ink from a tube near the head, clouding the water and making it difficult for an enemy to see.가 되죠. 물리적으로 흐리게 만들다는 뜻 외에도 생각이나 판단을 흐리게 만들다는 뜻(ex. Something must have clouded his judgement. 무언가 그의 판단을 흐리게 만들었음이 틀림없어.)도 있습니다.

여기에는 한국인들이 자주 놓치는 가목적어가 쓰인 것도 중요하네요. 의미를 나누어 보면 make + for an enemy to see + difficult가 맞죠. 하지만 목적격 보어를 취하는 목적어 자리에는 구나 절이 올 수 없는 것이 원칙입니다. 그래서 가목적어 it을 두고 진목적어는 뒤로 보내 making it difficult for an enemy to see라는 문장을 만들어야 해요. 부정사 앞에 'for + 명사'를 두어 부정사의 의미상의 주어를 둔 것도 눈여겨볼 내용입니다.

모범답안 03

1 With plenty of hungry sea animals ready to gobble them up, smaller creatures need to carry protection. **2** Squid and their relatives blast out a dark liquid, known as ink, to help them make a quick getaway. **3** They squirt the ink from a tube near the head, clouding the water and making it difficult for an enemy to see. [31]

1 마가렛(Margaret)은 릴리(Lily)를 뒤에 데리고 누가 볼까 굴뚝 옆으로 몸을 급히 피했다. **2** 릴리는 마가렛 옆에 털썩 주저앉으며 고양이들 중 한 마리를 무릎 위에 올려놓았다. **3** 마가렛이 종이봉투에 손을 뻗어 그것을 내밀었고 그 안에는 14개 정도의 캔디바가 있었다. 릴리의 눈은 커졌고, 입에선 군침이 돌았다.

1

_____

_____

Tip 몸을 급히 피하다 **duck around**

2

_____

_____

Tip 털썩 주저앉다 **sink dow**

3

_____

_____

Tip 내밀다 **hold out** / 군침이 돌다 **mouth is watering**

첫 문장의 '누가 볼까 몸을 급히 피하다'는 duck around 하나로 끝납니다. duck은 명사로 '오리'이지만 동사로는 오리가 머리를 숙여 먹이를 잡아먹듯이, 무언가를 피해 상체나 머리를 급히 낮출 때 We had to duck because the celling was low.(천정이 낮아서 우리는 머리를 숙여야 했다.)와 같이 활용할 수 있죠. duck은 이렇듯 무엇을 피하기 위한 급작스러운 움직임을 기본 뉘앙스로 가지고 있어요. 여기에 around를 붙이면 '사람의 눈을 피해 은밀히'의 의미를 첨가할 수 있죠.

그렇다면 '릴리를 뒤에 데리고'는 어떻게 표현하는 것이 좋을까요? 이때는 'with + 목적어 + 수식어'가 필요합니다. Margaret ducked around the side of the chimney with Lily behind her.와 같이 말이죠. 한국어 문장이 동사라서 take와 같은 동사를 쓸 확률이 높습니다. 하지만 한국어 문장 구조에 집착하지 말고 정보의 성격을 파악해 형태를 정해야 합니다. 동시 상태로 수식하는 구조가 한눈에 보이나요?

SINK DOWN

'~에 앉다'라고 할 때 우리는 sit down이 먼저 떠오르죠. 하지만 털썩 앉을 때는 sink down, 편안하게 자리잡고 앉을 때는 settle down/back과 같은 다른 표현들이 가능합니다. 위 두 번째 문장의 '털썩 주저앉다'는 sink down으로 해결할 수 있어요. 그런데 '무릎 위에 올려놓았다'가 좀 고민됩니다. 가져와서 무릎 위에 올려놓은 것으로 보고 전치사 on을 활용해, She sank down next to Margaret, taking one of the cats on her lap. 이라고 하면 되지 않을까요?

세 번째 문장은 일상적으로 많이 쓰는데 막상 말하려고 하면 막막한 표현들이 등장합니다. 우선 '손을 뻗다'는 여기서 stretch가 아닙니다. stretch는 할 수 있는 한 최대한 뻗는 경우로 He stretched his hand to rescue a stray cat. (길 잃은 고양이를 구조하기 위해 힘껏 손을 뻗었다.) 처럼 쓰죠. 앞에서 이미 설명했듯이, 무언가를 잡거나 닿기 위해 손을 뻗을 때는 reach가 등장합니다.

hold

'내밀다'에서 주목해야 할 단어는 hold입니다. hold는 기본 뜻이 '일시적으로 가지고 있음'이죠. 그래서 손과 팔을 이용해 무언가를 가지고 있는데, 밖으로 향하고 있다는 뜻으로 hold something out이라고 하면 '내밀다'의 의미를 나타낼 수 있죠. 이 외에도 The company is holding a lead in IT Industry. (이 회사는 IT 업계를 주도하고 있다.) 와 같은 지위나 상황, He is holding a strange view on this matter. (그는 이 문제에 대해 이상한 견해를 가지고 있다.) 와 같이 의견이나 입장에 대해서도 충분히 쓸 수 있습니다.

'그 안에는 14개 정도의 캔디바가 있었다'도 문법적으로
짚고 넘어가야 할 것이 있습니다. 바로 도치입니다. Inside
were about fourteen candy bars와 같이 위치를 나타내는 부
사 inside를 문장 앞에 두고 주어와 동사의 자리가 바뀌는 용
법이죠. 이것은 주로 강조를 위한 목적으로 자주 등장하는데
구체적인 내용은 다음 장에서 살펴보도록 하겠습니다.

모범답안 04 **1** Margaret ducked around the side of the chimney
with Lily behind her. **2** She sank down next to
Margaret, taking one of the cats on her lap.
3 Margaret reached for a paper bag. She held it out.
Inside were about fourteen candy bars. Lily's eyes
widened and her mouth was watering. [32]

CHAPTER 9

네이티브는
상대적으로 빈번하게 문장 도치를 한다

영어 문장에서 도치가 일어나는 경우는 크게 두 가지가 있습니다. 강조를 하기 위한 경우와 문법적인 약속으로 인한 경우이죠. 강조는 부정 강조(ex. Seldom have I heard such wonderful music. 나는 이렇게 아름다운 음악을 들어 본 적이 거의 없다.), 장소를 나타내는 부사구 강조(ex. At the center of the universe is the Sun, which brightens all the planets. 우주의 중심에는 모든 행성을 밝게 비추는 태양이 있다.), 보어 강조(ex. Relatively scarce is drinking water. 상대적으로 부족한 것이 식수이다.) 이렇게 세 가지로 나뉩니다. 문법적인 약속에 의한 도치는 neither와 so의 활용(ex. A: I like this book. B: So do I. A: 나는 이 책이 좋아. B: 나도 그래.), 가정법 if절의 생략 도치(ex. Were they my parents, I would be happy. 그들이 내 부모라면 난 행복할 것 같아.) 등을 들 수 있죠. 이렇게 영어 문장의 도치는 한국어 문장에 비해 빈번히 일어납니다. 이 내용을 이 장에서 더 구체적으로 살펴볼까 합니다.

01

아래의 문장을 영어로 표현하세요.

꼭대기 층에는 햇빛과 바람이 거의 들어오지 않는 다락방이 있었다.

Tip 다락방 **attic room** / 바람 **breeze**

유도부사 there로 시작하기 쉬운 문장입니다. 물론 there를 써도 틀린 것은 아닙니다. **하지만, '꼭대기 층에는'이라는 위치를 나타내는 부사구가 있는 경우는 도치를 활용한 고급 문형을 시도해 보는 것이 좋습니다. 도치 전 문장은 An attic room that hardly let in daylight or breeze was at the top.으로 주부가 술부에 비해 훨씬 긴 것을 알 수 있죠. 이 경우 원어민들은 대부분 도치를 선택합니다. At the top was an attic room that hardly let in daylight or breeze.와 같이 말이죠. 부사구가 문장 앞으로 갔으니 동사와 주어의 자리가 바뀌게 됩니다.** 여기서 let in은 다락방이 주체가 되어 햇빛과 바람을 '들여보낸다'는 의미를 가지죠. breeze는 창문을 통해 들어오는 부드러운 바람으로, 강하게 부는 바람인 wind를 사용하면 여기서는 어색합니다. 부정의 의미로 '거의 ~하지 않는'을 뜻하는 hardly가 쓰인 것도 중요한 포인트이네요.

Ans At the top was an attic room that hardly let in daylight or breeze.

최악은 경련이 나서 움직이려고 할 때마다 고통이 느껴지는 내 다리였다.

Tip 경련이 나다 **cramp**

상대방의 관심을 끌기 위해 활용할 수 있는 대표적인 문형입니다. 이때 도치가 빈번히 등장하죠. **즉, 주격 보어 자리에 있는 '최악의'란 뜻의 worst를 문장 앞으로 보내는 거죠. Worst were my legs, which cramped, hurting whenever I tried to move.와 같이 말이죠. My legs were worst에서 worst를 강조할 경우 얼마든지 worst were my legs로 위치를 바꿀 수 있습니다. 특히 주어가 수식어를 가지고 있을 경우 더욱 그러합니다.** 관용적으로 자주 쓰이는 주격 보어 강조 표현으로는 at과 among이 이끄는 전치사구를 들 수 있어요. '이것의 핵심은 모든 인간은 평등하다는 믿음이다'를 At its heart is a belief that all people are equal.이라고 하거나, '이 중 가장 인상적인 것은 그의 후기 작품이다'를 Among the most impressive are his works in the later period.라고 하는 것이 그 예입니다.

Ans Worst were my legs, which cramped, hurting whenever I tried to move.

그는 하루 종일 한마디도 하지 않았다.

○

Tip 한마디 **syllable**

부정부사의 강조가 필요한 문형이네요. **이때 유념할 부분은 부정부사가 독립적으로 도치되는 경우도 있지만 다른 문법 요소와 함께 도치되는 경우도 있다는 것입니다.** 예를 들어, '그들은 나에게 한 번도 그것에 대해 언급한 적이 없다'고 할 때 **Not once have they mentioned it.**과 같이 '한 번도'의 once가 not과 함께 문장 앞으로 가고 they와 have의 자리가 바뀌게 됩니다. 위 문장도 '한마디'가 함께 문장 앞으로 나가서, **Not a syllable did he utter for a day.**와 같이 완성되죠. 참고로 부정 부사 강조에서는 동사가 일반동사일 경우 조동사가 대신 도치됩니다. '말하다'란 뜻으로 say, tell, talk, speak도 아닌 utter가 쓰였네요. say는 말로 표현하는 것, tell은 일방적으로 상대방에게 말하는 것, talk는 상호간에 이야기를 나누는 것, speak는 듣는 사람이 있을 때 말하는 것, utter는 목으로 소리 내는 그 자체를 뜻하므로 utter가 맞습니다.

Ans Not a syllable did he utter for a day.

지역 주민 수가 증가하니, 이들을 위한 생필품 수요도 증가한다.

○

Tip 지역 주민 **local resident** / 생필품 **necessaries**

'증가하다'가 두 차례 등장합니다. **동일한 단어를 두 번 반복해서 말하기보다는 '또한 그러하다'의 so를 생각해 내야 합니다. 'A가 ~함에 따라, B 또한 ~하다'란 표현은 접속사 as와 부사 so의 합작으로 가능합니다. As the number of local residents climbs, so does the demand for necessaries for them. 과 같이 말이죠.** The demand for necessaries for them does so. 에서 so가 문장 앞으로 가면서 주어와 동사의 자리가 바뀐 구조입니다. 이 문형을 적극적으로 활용하려면 so가 부사라는 점을 기억해야 합니다. '엄마가 책을 읽을 때 아이도 책을 읽는 경우가 많다'를 영어로 말한다면 so가 필요한 것은 알겠는데 '경우가 많다'를 어쩔지 난감합니다. 이때 When a mother reads a book, so does her child more frequently. 와 같이 또 다른 부사인 more frequently를 덧붙여 주기만 하면 됩니다.

01

아래의 문장을 영어로 표현하세요.

1 다음 날인 일요일에는 코빈트리(Coven Tree) 마을 사람들은 모두 교회에 가기 위해 옷을 차려입었다. **2** 아가사 벤숀(Agatha Benthorn)은 천사의 마음을 기쁘게 할 정도로 충분히 예뻐 보였다. 머리는 구불구불했고 레이스로 가득한 새 드레스를 입었다. **3** 허리 주변은 검은색 매듭으로 묶은 넓은 분홍색 리본이 있었다.

1 _____

_____

Tip 차려입다 **be togged out**

2 _____

_____

Tip 기쁘게 하다 **gladden** / 구불구불한 **curled**

3 _____

_____

Tip 매듭 **a bow**

'옷을 차려입다'라고 할 때 일반적으로 dress up을 씁니다. 이 외에도 dolled up, togged up/out 등의 표현이 있죠. dolled up은 파티와 같은 특별한 행사 참석을 목적으로 화려하고 요란하게 차려입는 경우(ex. They are spending hours getting dolled up for the party tonight. 걔들은 오늘 저녁 파티를 위해 몇 시간 동안 꾸미고 있다.), togged up/out은 영국 영어로 특별한 활동 혹은 행사를 위해 차려입는 경우(ex. She has got togged up in her skiing gear. 그녀는 스키복을 잘 차려입었다.)에 등장하죠.

위 문장은 예배를 드리는 특정한 활동을 목적으로 차려입었기 때문에 togged out을 가져와 The next day—Sunday—everybody in Coven Tree was all togged out in fine fashion for going to church.라고 하면 됩니다. dress up을 써도 괜찮지만, 이때는 수동태가 아니라 능동태로 쓴다는 것을 주의해야 해요. 여기서 fashion은 '유행'이 아니라 '멋지고 우아한 옷'을 뜻합니다. 일요일을 강조하기 위해 대시를 썼는데요, 구두점에 대해서는 다음 장에서 살펴보도록 하죠.

두 번째 문장의 '마음'은 한국어에서 다양한 문맥에서 포괄적으로 쓰입니다. 영어에서는 mind, heart, feeling이라는 세 개의 구체적인 마음이 있죠. mind는 사고하는 마음(ex. He seems to have many thoughts running through his mind. 그의 마음 속에는 많은 생각들이 돌아다니는 것 같다.), heart는 사랑과 감동이 있는 마음(ex. He left his family behind with a heavy heart. 무거운 마음으로 그의 가족들을 남겨두고 떠났다.), feeling은 느끼는 마음(You had better talk to someone about your feelings. 너의 마음에 대해서 누군가에게 이야기하는 것이 좋겠다.)이죠.

위 문장에서는 감동과 사랑을 담은 마음을 써서 Agatha Benthorn looked pretty enough to gladden the heart of an angel.이라고 하면 좋을 듯합니다. gladden은 형용사 glad 의 동사형으로, heart와 함께 문학적 텍스트에 자주 등장 하죠. 보통 '~을 기쁘게 하다'라고 할 때는 delight, please, exhilarate 등을 쓰면 됩니다. '~할 만큼 충분히 ~한'을 나타 내기 위해 enough to 용법을 활용하고 있는 것도 눈에 띄네 요.

세 번째 문장에서 '구불구불한'은 curly가 아니라 curled라고 해야 합니다. curly는 지나치게 꼬불꼬불하다는 부정적인 뉘 앙스를 가지기 때문에 위 문맥에 맞지 않습니다. 머리카락이 직선이 아니라 곡선이라는 의미로 curled라고 하면 되죠. 둥 글게 만든다는 의미를 가진 다양한 맥락에서 쓰일 수 있는데 요, A sharp blow to his stomach made him curl up. (날카로운 한 방을 맞고 그는 몸을 웅크렸다.)과 같은 문장도 가능하죠.

마지막 문장에서 위치를 나타내는 부사구의 도치가 등장합니다. '허리 주변은' 을 문장 앞으로 보내고 주어와 동사의 자리를 바꿔야 하죠. Around her waist was a wide pink ribbon, tied in black with a bow와 같이 나타냅니다. 이와 같이 주어가 수식어를 가지고 있어 주부가 길고, 술부에 위치를 나타내는 부사구만 있을 때는 도치를 강력히 권하고 있습니다.

모범답안 01 **1** The next day—Sunday—everybody in Coven Tree was all togged out in fine fashion for going to church. **2** Agatha Benthorn looked pretty enough to gladden the heart of an angel. Her hair was curled, and she wore a new dress covered with lace. **3** Around her waist was a wide pink ribbon, tied in black with a bow. [33]

1 트레일러 옆에 주차되어 있던 것은 파란색 픽업트럭이었다. 멀지 않은 곳에 세대의 불도저 타입 차량과 한 줄로 늘어선 이동식 화장실이 있었다. **2** 로이(Roy)는 이곳이 경찰차가 스프레이 칠을 당한 그 장소임을 알았다. **3** 로이가 자전거를 세우자마자, 트레일러 문이 휙 열리더니 다부진 체격의 대머리 남자가 달려 나왔다.

1

_____

_____

Tip 한 줄로 늘어선 **a row of** / 이동식 **portable**

2

_____

_____

Tip 스프레이 칠을 당한 **spray-painte**

3

_____

_____

Tip 다부진 체격의 **stocky** / 달려 나오다 **charge out**

'~한 것'이라고 하면 먼저 관계대명사 what이 생각납니다. What was parked beside the trailer was a blue pickup truck. 이라고 하기 쉽죠. 이 문장이 틀린 것은 아니지만 우수하지는 않습니다. 단순히 '~한 것'에 불과하니까요. **하지만 주격 보어를 도치해 Parked beside the trail was a blue pickup truck.과 같이 문장을 만든다면, '트레일러 옆에 주차되어 있는'을 앞에 두어 강조의 형태로 '~한 것'을 나타낼 수 있습니다.**

두 번째 문장도 장소를 나타내는 부사구의 도치가 필요하네요. 문장의 뉘앙스를 살리지 못하고 의미 전달에 급급하다면 There were three bulldozer-type vehicles and a row of portable toilets not far away.와 같은 밋밋한 문장을 만들 수 있습니다. **하지만 '멀지 않은 곳'을 문장 앞에 두어 Not far away sat three bulldozer-type vehicles and a row of portable toilets.와 같이 도치한다면 문장의 입체감을 살리고 강조점을 부각시킬 수 있죠.**

여기서 동사 sit에 대한 추가 설명이 필요할 듯합니다. sit은 stand, lie와 함께 be 동사를 대신해 '~에 있다'란 의미를 나타낼 수 있는 대표적인 2형식 동사입니다. 사람뿐만 아니라 사물도 주어로 취하죠. 즉, The building is empty.라고 할 수 있지만, The building stands empty.라고도 할 수 있습니다. stand를 씀으로써 어떻게 있는지를 구체적으로 설명할 수 있어 더 고급 문형으로 간주됩니다.

도치가 있을 경우도 **be** 동사와 동일하게 조동사 도움 없이 주어와 동사 자리만 바꾸면 됩니다.

세 번째 문장에서 주목할 부분은 have to의 등장입니다. '~임에 틀림없다'로 must가 가장 알려져 있지만 have to도 쓸 수 있습니다. must는 주관적이고 개인적인 확신이라면, have to는 객관적이고 일반적인 확신이라고 볼 수 있죠. Roy figured this had to be the same place where the police car got spray-painted.라고 하면 됩니다. '~임을 알다'라고 할 때 사고와 근거를 통해 알게 된다는 뜻의 figure가 등장하는 것도 같은 맥락에서 이해할 수 있죠.

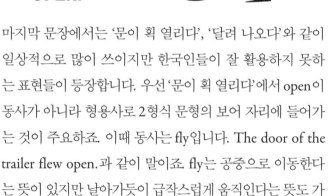

THE DOOR OF THE TRAILER **FLEW** OPEN.

마지막 문장에서는 '문이 획 열리다', '달려 나오다'와 같이 일상적으로 많이 쓰이지만 한국인들이 잘 활용하지 못하는 표현들이 등장합니다. 우선 '문이 획 열리다'에서 open이 동사가 아니라 형용사로 2형식 문형의 보어 자리에 들어가는 것이 주요하죠. 이때 동사는 fly입니다. The door of the trailer flew open.과 같이 말이죠. fly는 공중으로 이동한다는 뜻이 있지만 날아가듯이 급작스럽게 움직인다는 뜻도 가지고 있습니다.

이 책을 열심히 공부한 학생이라면 이제 '달려 나오다'의 '나오다'는 out이 담당한다는 것을 알 겁니다. 그렇다면 '달려'에는 어떤 단어를 쓰는 것이 좋을까요? run, dash, charge를 우선 추천하고 싶네요. 속도를 내어 나온다면 run, 한 방향으로 돌진한다면 dash, 강한 힘으로 무섭게 밀고 나온다면 charge를 써야 합니다. 차 문이 휙 열리면서 달려 나온다면 charge out이 좋을 듯합니다.

모범답안 02　**1** Parked beside the trailer was a blue pickup truck. Not far away sat three bulldozer-type vehicles and a row of portable toilets. **2** Roy figured this had to be the same place where the police car got spray-painted. **3** As soon as Roy stopped his bicycle, the door of the trailer flew open and a stocky bald man charged out. [34]

03

1 그 알류트(Aleut)인은 그의 동료에게 투덜대더니, 둘은 그 짧은 다리로 마을과 자신들의 캠프 사이에 놓인 모래 언덕을 가로질러 의기양양하게 걸어서 나갔다. **2** 우리는 남아 있는 흰색 농어를 그날 밤 다 먹었고, 아주 즐거운 시간을 보냈다. **3** 하지만 우리의 이런 행운이 갈라스엣 (Ghalas-at)마을에 곧 고난을 가져올 거라고는 꿈에도 알지 못했다.

1

Tip 투덜대다 **grunt** / 모래 언덕 **sand dune** / 놓여 있다 **lie**

2

Tip 농어 **bass** / 즐거운 시간 **rejoicing**

3

Tip 행운 **good fortune** / 고난 **trouble**

첫 문장의 '투덜대다'는 complain과 grunt 중 선택해야 합니다. complain은 불만이 있거나 부당하다고 생각하기 때문에 투덜대는 것이고, grunt는 화가 나거나 고통스러워 투덜대는 것입니다. 위 문장은 화가 나서 투덜대는 상황이라 grunt가 등장합니다. The Aleut grunted to his companion.이라고 하면 되죠. 누군가에게 투덜댈 경우는 1형식 동사로 전치사는 at이나 to를 사용하고, 무언가를 투덜댈 경우는 He grunted something about you. (그가 너에 대해서 무언가 투덜댔다.)와 같이 3형식 동사로 목적어를 취할 수도 있습니다.

'의기양양하게 걸어서 나가다'도 설명이 필요하네요. 장소를 '떠나다'는 off가, '의기양양하게 걸어서'는 stalk가 담당합니다. stalk는 명사로 '줄기'를 뜻하죠. 동사로는 우리가 많이 들어 봤던 스토킹, 즉 '몰래 미행하다'란 뜻으로 알려져 있지만 '화가 나서 의기양양하게 걸어가다'란 뜻도 있습니다. The two of them stalked off on their short legs across the sand dunes.와 같이 '그 짧은 다리로'와 '모래 언덕을 가로질러'는 전치사구로 수식하면 됩니다.

모래 언덕을 꾸며 주는 '마을과 캠프 사이에 놓인'에 동사 lie가 필요합니다. lie는 '거짓말하다'보다 '놓여 있다'란 뜻이 훨씬 중요하죠. '한반도는 중국과 일본 사이에 있다'를 The Korean Peninsula lies between China and Japan.이라고

만 하면 되니 말이죠. '거짓말하다'의 lie는 과거형이 lied이 지만 '놓여 있다'의 lie는 lay를 써서, the sand dunes that lay between the village and their camp.와 같은 관계사절을 만듭니다.

두 번째 문장의 '아주 즐거운 시간을 보내다'를 뜻하는 관용적인 표현이 있습니다. 바로 there was much rejoicing이에요. rejoicing은 명사로 즐겁고 기뻐서 나오는 감정과 행동을 통칭하는 단어입니다. '즐거운 나날'도 days of rejoicing이라고 하면 되죠. '남아 있는 흰색 농어를 그날 밤 다 먹었다'를 We ate the rest of the white bass that night.이라고 하면 됩니다. 이때 rest로 인해 나머지를 다 먹었다는 의미를 전할 수 있죠.

마지막 문장의 '꿈에도 알지 못했다'를 표현할 수 있는 가장 좋은 방법이 무엇일까요? **이때 dream과 같은 단어를 쓰는 것 보다는 부정 강조를 하는 것이 더 바람직한 선택이죠. '꿈에도'의 한국어 뜻도 '조금도', '전혀'의 뜻을 가지니까요. 일단 목적어를 취하는 일반동사 know의 부정이므로 도치하려면 조동사가 필요합니다. 과거 시제이니 did가 좋겠네요.**

부정부사로는 never, hardly, seldom, little 등의 후보군이 있습니다. never는 결코 그런 적이 없다는 부정(ex. She never tells a lie. 그녀는 결코 거짓말을 하지 않는다.), hardly는 거의 하지 못한다는 부정(ex. I could hardly see her face. 나는 그녀의 얼굴을 거의 볼 수가 없었다.), seldom은 그렇게 되는 경우가 드물다는 부정(ex. I seldom meet him these days. 요즘 그를 거의 보지 못한다.), little은 정도나 수준이 낮다는 부정(ex. I know little about her. 나는 그녀에 대해 아는 것이 없다.)을 뜻하죠.

이 중 **never**가 가장 강력한 부정인 듯하여 유력하게 보일 수 있습니다. 하지만 부정의 강조는 도치가 담당하고 있기 때문에 알고 있는 정도나 수준이 낮다는 의미로 **little**이 문맥에 더 맞을 수 있죠. **But little did we know that our good fortune would soon bring trouble to Ghalas-at.**과 같이 문장이 완성됩니다.

모범답안 03

1 The Aleut grunted to his companion and the two of them stalked off on their short legs across the sand dunes that lay between the village and their camp. **2** We ate the rest of the white bass that night and there was much rejoicing. **3** But little did we know that our good fortune would soon bring trouble to Ghalas-at. [35]

04

아래의 문장을 영어로 표현하세요.

1 해변은 다양한 형태의 자연 재앙에 피해를 입을 수 있어요. 그 중 가장 치명적인 것이 쓰나미라고 불리는 거대한 파도이죠. **2** 이 파도들은 보통 해저 지진이나, 화산, 지면 붕괴로 촉발되는데, 이는 해저면을 흔들고, 바닷물을 밀어 해변에 닿을 때까지 퍼지는 엄청난 파도들을 만들어 냅니다. **3** 쓰나미 파도가 얕은 물로 들어오면, 더 천천히 움직이긴 하지만 높이는 더 높아지죠.

1

_____

Tip 해변 **seashore** / 피해를 주다 **hit** / 치명적인 **deadly**

2

_____

Tip 지면 붕괴 **landslide** / 촉발하다 **set off** / 해저면 **sea bed** / 파도 **ripple**

3

_____

Tip 얕은 **shallow**

'피해를 주다'는 damage, harm, hit으로 처리할 수 있습니다. damage는 부정적인 혹은 유해한 영향을 미쳐 피해를 준다는 뜻으로, Sleep deficiency can damage your health. (수면 부족이 건강을 해칠 수 있다.)라고 하죠. harm은 고통이나 아픔을 줘서 피해를 준다는 의미로, Hundreds of people were harmed in the accident. (수백 명의 사람들이 이번 사고를 피해를 입었다.)라고 합니다. hit은 무언가를 치듯이 다가와 손상을 입힌다는 의미로, A typhoon hit the east coast yesterday. (어제 태풍이 동해에 피해를 입혔다.)와 같은 자연재해에 많이 등장하죠. 위 문맥에는 당연히 hit을 가져와 Seashores can be hit by many types of natural disasters.라고 하면 됩니다.

두 번째 문장은 도치가 필요하네요. **원래 문장은 '쓰나미라고 불리는 거대한 파도가 그 중 가장 치명적이죠'입니다. 여기서 '그 중 가장 치명적인 것'을 문장 앞으로 보내 주격 보어를 강조하는 구문으로 만들어야 합니다. 이 경우 기본 문형 연습에서 이미 언급한 among이 이끄는 전치사구를 활용할 수 있어요. Among the deadliest are giant waves called tsunamis.와 같이 말이죠. 여기서 '~중에 하나로'의 뜻을 가지는 among은 '그 중 가장 ~한 것'을 충분히 나타낼 수 있습니다.**

세 번째 문장에서 해저 지진이나, 화산, 지면 붕괴로 쓰나미가 촉발된다는 내용이 나옵니다. 이때 '촉발하다'로 어떤 단어가 좋을까요? provoke는 부정적인 반응의 촉발, precipitate는 예상보다 빠른 갑작스러운 촉발, trigger는 어떤 것을 시작하게 하는 촉발이라고 볼 수 있죠. 위 문장에 쓸 수 있는 최상의 촉발은 set off입니다. 일련의 연속되는 사건들을 시작하게 한다는 의미로, 해저면을 흔들고 파도를 만들어 내는 이후의 사건들을 고려할 때 가장 적당한 단어라고 볼 수 있죠. These are usually set off by underwater earthquakes, volcanoes, or landslides.로 주부를 해결합니다.

이후 따라오는 수식어구에도 알아 두어야 할 중요한 표현들이 많습니다. 우선, '바닷물을 밀어 파도들을 만들어 낸다'는 3장에서 이미 배웠듯이 push water into massive ripples 와 같이 '만들다'는 동사 make가 아니라 into가 이끄는 전치사구로 처리해야 하죠. 그리고 지진, 화산, 지면 붕괴를 수식하는 구조로 which shake the sea bed and push water into massive ripples that spread out until they reach a shore와 같이 which가 이끄는 관계사절이 좋습니다. 여기서 분사를 쓰면 앞 문장의 주어인 쓰나미를 수식하는 것으로 해석될 수도 있기 때문이죠.

마지막 문장은 조건이 아니라 상황이 진행되고 있는 시간으로 보고, As tsunami waves enter shallow water와 같이 접속사 as를 쓰는 것이 좋습니다. enter는 한국인들이 과하게 사용하는 경향이 있는데요, 이와 같이 특정한 물리적 공간이나 장소에 들어올 때만 쓰는 단어입니다. 대학을 들어갈 때는 get into college, 조직에 들어갈 때는 join the club, 자동차나 열차가 들어오면 pull in, 안으로 들어오면 come in 등 다양한 표현들이 있습니다.

'더 천천히 움직이긴 하지만 높이는 더 높아지죠'의 전반부는 They move more slowly.로 어렵지 않습니다. 하지만 후반부에는 명사 height는 등장하지 않습니다. 그럼 어떻게 표현할 수 있을까요? 바로 '(커지면서) ~이 되다'의 2형식 동사 grow와 tall이 필요합니다. They grow taller.라고만 하면 되죠. high는 바닥에서 꼭대기까지의 길이가 길다는 의미일 뿐 상대적으로 더 크다고 할 때는 tall을 써야 합니다. 그래서 고층 빌딩은 다른 빌딩과 비교해 크기 때문에 tall buildings라고 하는 거죠.

모범답안 04 **1** Seashores can be hit by many types of natural disasters. Among the deadliest are giant waves called tsunamis. **2** These are usually set off by underwater earthquakes, volcanoes, or landslides, which shake the sea bed and push water into massive ripples that spread out until they reach a shore. **3** As tsunami waves enter shallow water, they move more slowly but grow taller. [36]

CHAPTER 10

네이티브는
한국어에는 없는 구두점을 활용한다

구두점은 글쓰기를 할 때 반드시 알아야 하는 주요한 도구입니다. 그래서 이 장은 말하기보다는 글쓰기에 초점을 맞췄다고 할 수 있죠. 한국어에는 없는 주요한 구두점으로는 대시, 세미콜론, 콜론이 있습니다. 대시는 강조하고 싶은 단어, 구, 절에 모두 사용할 수 있죠. It will pique—not kill—your interest.(이것은 너의 흥미를 절대 죽이지 않고 살릴 것이다.)라고 할 수 있어요. 세미콜론은 접속사를 대신해 절을 연결하는 기능을 합니다. He was not able to make it; in fact, he was very sick.(그는 일을 제대로 하지 못했어. 사실 엄청 아팠거든.)와 같이 밀접성이 강한 절이나 유사한 유형의 절을 연결할 때 등장합니다. 마지막으로 콜론은 We have bags in many colors: red, blue, yellow.(우리는 다양한 색상의 가방을 가지고 있죠. 빨강, 파랑, 노랑이 있어요.)와 같이 구체적인 예시를 전달합니다.

01

아래의 문장을 영어로 표현하세요.

인공위성은 한 곳에서 다른 곳으로 신호를 보냅니다. 그것도 1/4초 만에요!

▶

Tip 인공위성 **satellite** / 1/4초 **a quarter of a second**

위 문장이 까다로운 이유는 '그것도 1/4초 만에요' 때문일 겁니다. '그것도'를 어떻게 표현할지 난감하죠. **이때 망설이지 말고 대시를 해당 내용 앞에 두면 됩니다. Satellites send signals from one place to another—in a quarter of a second!** 와 같이 말이죠. 여기서 '그것도'는 의미를 가지는 것이 아니라 강조를 위한 기능으로 존재합니다. 그러므로 단어로 해결할 것이 아니라, 강조의 기능을 하는 대시를 쓰면 됩니다. 구, 절, 단어 모두를 강조할 수 있고, He never knows — or seems to care — what I am thinking. (그는 내가 무엇을 생각하고 있는지 전혀 모른다. 혹은 신경을 쓰는 것 같지도 않다.)과 같이 양방향 대시도 가능하죠. 1/4초는 a quarter of a second, 1/3초는 a third of a second, 1/2초는 a half of a second라고 하죠. 그리고 '~ 만에'는 전치사 in을 사용할 수 있습니다. '시간 내에'로 이해하시면 됩니다.

Ans Satellites send signals from one place to another—in a quarter of a second!

3시가 조금 지난 시간이었다. 달은 환하게 빛났고, 공기는 매우 찼다.

Tip 환하게 빛나는 **gleaming** / 매우 차가운 **chill**

위 문장은 세미콜론으로 세련되게 연결할 수 있습니다. 세미콜론은 접속사처럼 절을 연결하는 기능을 하는데요, 절과 절을 짧은 호흡으로 빠르게 연결할 때 등장하죠. 주로 동일한 문형이 반복되는 경우나, 앞의 내용을 즉각적으로 부연 설명 하고자 하거나, 전후/인과 관계를 빠르게 나열하고자 할 때 등장합니다. **위 문장은 두 번째 경우가 되겠네요. '3시가 조금 지난 시간이었다'에 대한 구체적인 상황 설명이 뒤에 나오고 있으니까요. 그렇다면 세미콜론을 써서 It was a little after three o'clock; the moon was gleaming and the air was chill. 과 같이 만들 수 있죠.** 2개의 부연 설명 연결은 접속사 and 혹은 쉼표 모두 가능합니다. gleaming은 맑고 청명하게 빛난다는 뜻으로 '환하게 빛나다'로 표현되며, chill은 극단의 차가움을 은유적으로 표현하는 형용사로 위 문맥에 맞습니다.

Ans It was a little after three o'clock; the moon was gleaming and the air was chill.

좋은 뉴스예요. 이제 당신은 심호흡으로 불안함을 없앨 수 있게 됐어요.

Tip 불안함 **anxious feeling** / 심호흡 **deep breathing**

앞 문장과 뒤 문장의 관계를 분석해 보면 어떤 구두점이 필요한지 알 수 있죠. 앞 문장에 뉴스를 언급하고, 뒤 문장에서 그 뉴스에 대한 구체적인 내용을 설명하고 있습니다. 이 경우는 콜론이 필요합니다. **즉 추상적 개념에 대한 구체적인 내용의 연결이라고 볼 수 있죠. 완성해 보면 We have good news: you can now get rid of anxious feeling with deep breathing.**이라고 할 수 있어요. We have several ways to reach this island: by ship, airplane, or car. (이 섬에 갈 수 있는 방법은 여러 가지가 있어요. 배, 비행기, 자동차를 이용한 방법이죠.)와 같이 예시의 열거가 가능하고, The president of the trade federation said: "There is no sign of immediate economic recovery." (즉 각적인 경제 회복의 기미가 없다고 무역연맹 대표가 말했다.)와 같이 직접 인용문을 콜론 뒤에 둘 수도 있습니다.

Ans We have good news: you can now get rid of anxious feeling with deep breathing.

그는 누워 Lucy, 그를 바라보던 그녀의 그 파란 눈을 생각하다 잠들었다.

Tip 잠들다 **fall asleep**

Lucy를 생각하는데, 그 중에서도 그를 바라보던 그 파란 눈을 부각시켜야 하는 문맥입니다. **이때 당연히 강조의 대시를 양방향으로 집어넣으면 됩니다. He lay thinking about Lucy— her blue eyes staring at him—and fell asleep.과 같이 말이죠.** '누워서 ~하다'라고 할 때는 lie + -ing의 구조를 가지죠. 물론 '앉아서 ~하다'는 sit + -ing(ex. He sat watching TV for hours. 그는 몇 시간째 앉아서 TV만 보고 있었다.), '서서 ~하다'는 stand + -ing(ex. He stood smoking outside. 그는 밖에 서서 담배를 피웠다.)로 표현할 수 있습니다. '잠이 들다'도 어떻게 잠이 드는가에 따라 go to sleep, get to sleep, fall asleep이 가능하죠. go to sleep은 준비하고 잠을 자러 가는 거죠. get to sleep은 오지 않는 잠을 어렵게 청한다는 느낌이 강하죠. fall asleep은 나도 모르게 잠에 빠지는 상황을 뜻합니다.

Ans He lay thinking about Lucy—her blue eyes staring at him—and fell asleep.

01

아래의 문장을 영어로 표현하세요.

1 알에 둘러싸인 새끼 백조는 이것을 뚫고 나오는 것이 힘들다. **2** 만약 자연이 이 백조에게 중요한 두 가지를 주지 않았다면 결코 나올 수 없을 것이다. 그것은 강력한 목 근육과 부리 끝에 있는 조그마한 뾰족한 이빨이다. **3** 이 이빨은 날카로워, 새끼 백조는 이것을 이용해 알의 단단한 껍질에 구멍을 낸다.

1

Tip 둘러싸인 **enclosed**

2

Tip 뾰족한 이빨 **dagger-tooth** / 끝 **tip** / 부리 **bil**

3

Tip 껍질 **shell**

첫 문장의 '알에 둘러싸인'은 surround가 아니라 enclose를 써야 합니다. 왜냐하면 알에 둘러싸여 있기 때문이죠. 보통 벽이나 울타리 같이 물리적인 장벽에 싸여 안팎의 자유로운 이동이 어려울 경우 enclose를 쓰기 때문에 위 문맥과 일맥상통합니다. surround는 그냥 사방에 있다는 뜻으로, This village is surrounded by mountains. (이 마을은 산으로 둘러싸여 있다.)라고 하죠.

'~하는 것이 힘들다'는 동명사의 관용표현인 have a hard time -ing를 활용하여, A little swan enclosed in an egg has a hard time getting out.과 같이 문장을 완성합니다. get out에서 out은 '나오다'란 의미를, get은 '변화됨' 즉 나오는 방식을 담당하죠. 잘라서 나온다면 cut out, 달려 나오면 run out, 떨어져 나오면 fall out으로 나타낼 수 있어요.

두 번째 문장은 실제 하지 않는 사실을 가정하고 있습니다. 그렇습니다. 가정법이 필요하죠. '중요한 두 가지를 주지 않았다면'은 과거의 사실을 가정하고 있어 had + p.p.가 등장합니다. 하지만 주절은 현재를 나타내고 있기 때문에 'would + 동사원형'으로 혼합 가정문의 형태를 취하죠. 문장을 완성하면 It never would get out if Nature had not provided it with two important things.라고 하면 됩니다.

이 문장에서 주목할 부분이 또 있죠. **바로 '그 중요한 두 가지'에 대한 구체적인 예시가 바로 뒤에 나온다는 사실입니다. 콜론을 써서 : a powerful neck-muscle and a small dagger-tooth on the tip of its bill이라고 하면 됩니다.** dagger는 단검을 뜻하며, 단검처럼 작은 송곳니가 뾰족하게 솟아 있는 이빨을 dagger-tooth라고 하죠. '끝'을 tip이라고 한 것은 뾰족한 것의 끝이기 때문입니다. 둥근 것의 끝은 rim, 각진 것의 끝은 edge, 끝나는 지점의 끝은 end라고 합니다.

마지막 문장에서 두 내용이 because와 같은 종속접속사가 아닌 대등접속사 and로 연결됩니다. 그 이유는 인과 관계를 강조할 문맥이 아니기 때문이죠. 서술해서 나열할 의도라면 그냥 and를 쓰면 됩니다. and의 여러 가지 뜻 중 '그래서'로 해석할 수 있겠네요. This tooth is sharp, and the baby swan uses it to pick a hole in the tough shell of the egg.로 완성됩니다.

여기서 '구멍을 내다'에 동사 pick을 쓴 것에 주목해야 합니다. 왜냐하면 뾰족한 이빨로 구멍을 냈기 때문이죠. 잘라서 내면 cut a hole, 파서 내면 dig a hole, 공기의 압력으로 내면 blew a hole과 같은 다양한 표현이 가능합니다. '껍질'도 알이나 견과류 등의 단단한 껍질은 shell, 곡식의 껍질은 husk, 과일 채소의 껍질은 peel, 나무의 껍질은 bark, 동물과 인간의 껍질은 skin이라고 하죠.

모범답안 01　**1** A little swan enclosed in an egg has a hard time getting out. **2** It never would get out if Nature had not provided it with two important things: a powerful neck-muscle and a small dagger-tooth on the tip of its bill. **3** This tooth is sharp, and the baby swan uses it to pick a hole in the tough shell of the egg. [37]

1 엄마와 할머니가 우리 태어났을 때 이야기를 하면 대부분이 캐롤린 (Caroline)이 숨을 쉬지 못했던 것에 관한 내용이었다. **2** 산파가 그 작은 가슴을 움직이게 하기 위해 얼마나 손바닥으로 때리고, 간절히 바라고, 회유했는지. **3** 새끼고양이 울음소리보다 작았다고 하는 힘없는 아기의 첫 울음 소리에 감정에 북받쳐 얼마나 눈물을 흘렸는지. "그런데 나는 어디 있었어?"라고 한번은 물은 적이 있다.

1

_____

Tip 대부분 **mostly**

2

_____

Tip 산파 **midwife** / 때리다 **smack** / 회유하다 **cajole**

3

_____

Tip (아기) 울음소리 **wail** /(고양이) 울음소리 **mew**

첫 문장은 종속접속사 when으로 시작해야 합니다. when
은 시간과 조건을 동시에 나타내기 때문에 원어민의 글에
서는 if절보다 사용 빈도가 높죠. When my mother and
grandmother told the story of our births라고 하면 됩니다.
이때 명사가 동사를 대신하는 구조가 나오네요. The story
about when we were born이 아니라 the story of our births
라고 하면 됩니다.

'숨을 쉬지 못했다'에 기억해 둘 동사가 있습니다. 바로
refuse이죠. 보통 '상대방의 제안이나 요청을 거절하다'란 뜻
으로 He refused to accept my offer. (그는 내 제안 수락을 거절했다.)
와 같이 사용되지만, '기대하거나 원한 것을 못할 경우'에도
The door refused to budge. (문이 꿈쩍도 하지 않았다.)와 같이 쓸
수 있습니다. 아기가 숨을 쉴 것이라고 기대했는데 쉬지 않
았기 때문에 it was mostly of how Caroline had refused to
breathe라고 하면 되죠. 얼마간 지속된 상황을 과거완료형
으로 표현하고 있네요.

위 문장에서 명사절을 이끄는 how의 기능에 주목해야 합니
다. '얼마나', '어떻게'를 뜻하죠. 하지만 '~한 것'이라고 할 때
how도 가능합니다. 일반적으로 알려져 있는 what은 특정한
사실이나 존재(ex. I don't understand what you are talking about. 네가 말하는
것이 이해가 안돼.), how은 방식이나 태도(ex. They were impressed by how
she had defeated her rival. 그들은 그녀가 경쟁자를 제패한 것에 감명을 받았다.)
로 접근해야 하죠. 숨을 쉬지 못했던 '방식'의 것이기 때문에
how가 쓰인 겁니다.

두 번째 문장부터는 문장 구조를 어떻게 잡을지 난감하네요.
이때 해결할 수 있는 방법은 동일한 내용, 즉 it was mostly of

의 생략입니다. 내용을 분석해 보면 how 이전의 내용은 동일하기 때문에 과감히 생략하고 how절만 나열하는 것이 맞죠. How the midwife smacked and prayed and cajoled the tiny chest to move와 같이 말이죠. 여기서 smack는 '손바닥으로(강하게) 때리다'란 뜻을 가집니다. 유의어인 slap은 찰싹 손으로 때리는 것, spank는 손으로 엉덩이를 여러 차례 때리는 것 등 문맥에 따라 다른 단어를 씁니다.

세 번째 문장에서도 생략이 그대로 적용됩니다. **완성해 보면, How the cry of joy went up at the first weak wail—"no louder than a kitten's mew."가 좋겠네요. 여기서 구두점 대시에 주목해야 합니다. '고양이 울음소리보다 작았다'라는 말을 대시 뒤에 둠으로써 엄마와 할머니의 발언 자체를 강조하는 기능을 하죠. 특히 앞에서 언급한 내용을 직접 인용문으로 뒤에서 수식하는 경우 이렇게 대시를 써서 강조하는 경우가 종종 있습니다.**

'감정에 북받쳐 눈물을 흘리다'는 the cry of joy를 모르면 영어로 표현하기 힘듭니다. 관용 표현으로 함께 쓰이는 동사 go up도 기억해 둬야겠죠. wail은 슬픔이나 고통으로 인해 피치를 높여 시끄럽게 계속 우는 것을 뜻합니다. 아기가 태어났을 때의 울음소리를 그대로 설명하고 있죠. mew는 고양이가 작은 소리로 '야옹' 하는 특정한 문맥에서만 쓰이는 울음소리입니다.

모범답안 02 **1** When my mother and grandmother told the story of our births, it was mostly of how Caroline had refused to breathe. **2** How the midwife smacked and prayed and cajoled the tiny chest to move. **3** How the cry of joy went up at the first weak wail—"no louder than a kitten's mew." "But where was I?" I once asked. [38]

1 주변을 다시 둘러보며 이 침대방에서는 숨을 쉴 수도 없고, 걸어 다닐 수도 없다고 릴리(Lily)는 생각했다. **2** 책들, 그녀가 썼던 이야기를 담은 글들, 수영복, 그램(Gram)이 침대 위에 올려놓은 옷가지 더미 같은 것들이 바닥에 꺼내어져 그녀의 여행가방 안에 쑤셔 넣어지길 기다리고 있었다. **3** 심지어 지난 겨울 옷장 뒤에 숨겨 놓은 엄마의 오래된 은거울도 있었다.

1

_____

_____

Tip 둘러보다 **glance around**

2

_____

_____

Tip 옷가지 더미 **heaps of clothes** / 쑤셔 넣다 **stuff**

3

_____

_____

Tip 옷장 **closet**

첫 문장에서 주목할 부분은 **동일한 구조의 문장이 반복되고 있다는 것입니다**. 이때 두 문장을 연결하는 최상의 방법은 이미 기본 연습에서 언급했듯이 세미콜론을 사용하는 겁니다. **She could hardly breathe in that bedroom; she could hardly walk.**와 같이 말이죠. 그런데 여기에는 '주변을 다시 둘러보면'과 '릴리는 생각했다'라는 내용을 어떻게 배치할지가 고민이네요.

반복되는 두 문장의 통일성을 부각시키려면, 이 내용들은 부수적인 위치에 두는 것이 좋습니다. She could hardly breathe in that bedroom, Lily thought, glancing around again; she could hardly walk.와 같이 분사구문과 중간 삽입으로 두면 좋겠네요. 물론 의도에 따라 배치는 달라질 수 있습니다. 핵심은 정형화된 문장 구조에서 벗어나 문맥과 의도에 맞게 다양한 형태로 문장의 요소들을 배치하는 능력이 있어야 한다는 것이죠.

두 번째 문장에서도 중요한 구두점이 등장합니다. 바로 콜론입니다. **'것들'에 대한 구체적인 예시가 열거되고 있죠. 이 문장과 같이 나열하는 예시의 수가 많고 구조가 복잡할 때는 such as나 like를 쓰기보다는 콜론으로 주제문과 예시문을 분리시켜 정리하는 것이 좋은 방법입니다.** 즉, 주제문은 Things were pulled out all over the floor, waiting to be stuffed into her suitcase로 별도의 문장으로 먼저 만들고 뒤에 콜론을 붙입니다.

이 주제문에 대해 잠시 짚고 넘어가야 할 표현이 몇 개 있습니다. '바닥에 꺼내어져'와 '쑤셔 넣어지다'이죠. 전자의 '꺼내다'를 out이, pull은 꺼내는 방식을 설명합니다. 강하게 내팽개쳐 있음을 알 수 있죠. '쑤셔 넣다'의 stuff는 명사로 중요하지 않은 물건이나 잡동사니를 뜻하는데, 동사로는 그런 것들을 마구 어떤 공간이나 용기에 집어넣는다는 의미입니다.

다음으로 예시문에서는 콜론을 찍고 언급된 것을 하나씩 나열하면 됩니다. 그런데 나름 구조가 복잡하네요. 일단 완성해 보면 : books, papers with stories she had written, bathing suits, and heaps of clothes Gram had put on the bed 와 같이 만들 수 있습니다. 전치사구와 관계사절이 수식 구조로 활용되고 있네요. '쌓여 있다'에 heap이 쓰인 것이 인상적입니다. 여기 쓰인 heap은 정신없이 여기저기 쌓여 있는 경우이고, 일반적으로 알려진 pile과 stack은 가지런히 쌓여 있다는 뜻을 가지죠.

마지막 문장에서 '엄마의 오래된 은거울'은 an old silver mirror of her mother's라고 합니다. Her mother's old silver mirror가 아니네요. 이 둘은 의미상 차이가 있습니다. 예를 들어, '나의 친구'라고 할 때 my friend라고도 하고, A friend of mine이라고도 합니다. 전자는 말 그대로 '나의 친구'이고, 후자는 '내 친구 중 한 명'이라는 뜻이죠. mine은 소유대명사로 '나의 것'이라는 의미를 가집니다. 대명사가 아닌 일반명사의 경우는 명사 뒤에 아포스트로피를 찍고 s를 넣어 주면 되죠. 즉, '엄마가 가지고 있는 거울 중에 하나'라는 뜻입니다.

모범답안 03 **1** She could hardly breathe in that bedroom, Lily thought, glancing around again; she could hardly walk. **2** Things were pulled out all over the floor, waiting to be stuffed into her suitcase: books, papers with stories she had written, bathing suits, and heaps of clothes Gram had put on the bed. **3** She had even found an old silver mirror of her mother's she had hidden away in the back of the closet last winter. [39]

04

아래의 문장을 영어로 표현하세요.

1 그는 마덜 파올라(Mother Paula) 사의 사업장에서 벌어진 이상한 사건이 잊히지 않았다. **2** 어떤 사람이 먼저 측량 말뚝을 뽑아낸 다음, 변소에다 악어를 버리고, 그가 차 안에서 자고 있는 동안 경찰차에 스프레이를 뿌렸다. 이것이 반항기 넘치는 대범한 범인들의 소행이란 말인가!

1

Tip 이상한 **bizarre** / 사업장 **property**

2

Tip 측량 말뚝 **survey stake** / 변소 **latrine** / 반항기 넘치는 **defiant** / 범인 **perpetrator**

첫 문장의 '잊히지 않다'가 언뜻 생각나지 않을 수 있습니다. 이때는 '생각을 멈출 수가 없다', 즉 couldn't stop thinking 으로 해결할 수 있죠. '사업장'은 property라고 하면 됩니다. 재산보다는 소유물로 기억하는 것이 좋아요. 이 회사가 가지고 있는 땅, 건물, 물건을 모두 property라고 할 수 있죠. 회사는 사업을 하는 곳이니 사업장이라고 해도 무방합니다. '이상한'은 bizarre가 좋겠네요. 변소에 악어를 버린다고 하니 strange로는 약합니다. bizarre는 이상함의 강도가 매우 세죠.

두 번째 문장에서는 내용의 구성을 눈여겨봐야 합니다. **사건 발생 순서를 빠르게 나열하고 있죠. 이렇듯 빠른 호흡으로 전후 관계를 열거할 때 세미콜론이 필요합니다. First, somebody pulling the survey stakes; then dumping the alligators in the latrines; then spray-painting his squad car while he was asleep inside.라고 하면 좋겠네요.** 그런데 한 가지 이상한 것이 있습니다. 앞에서 배운 대로라면 절을 연결해야 하는데 그렇지 않죠. 이 경우는 반복되는 동일한 부분을 생략했다고 보는 것이 맞습니다. 문장의 균형을 맞추기 위해 심지어 첫 문장의 be 동사도 없애 버렸습니다.

말뚝의 stake가 다소 낯설 수 있어요. stake는 회사의 지분(ex. His family holds 30 percent stake of this company. 그의 가족이 이 회사 지분의 30퍼센트를 가지고 있다.), 혹은 게임이나 도박에 거는 돈(ex. I don't play high-stakes games. 나는 판돈이 큰 게임은 하지 않습니다.)이라는 명사의 뜻으로 알려져 있기 때문이죠. stake가 동사로 쓰이면 '(돈)을 걸다'(ex. She wants to stake $5,000 on Number 10. 그녀는 10번에 5,000달러를 걸었으면 한다.)란 뜻이죠. 물론 '말뚝으로 떠받치다'란 뜻(ex. Newly planted trees should be staked. 새로 심은 나무에는 지지대를 세워야 합니다.)

도 있습니다.

'변소'는 toilet이 아니라 latrine이라고 했네요. latrine은 야외에 구덩이를 파서 만든 '옥외 화장실'을 뜻합니다. 유의어로는 outhouse가 있는데, 본채 밖 별도 건물에 있다는 것에 방점이 찍힌 표현이죠. '버리다'의 dump는 기본 뜻이 제자리가 아닌 곳에 부주의하게 둔다는 뜻으로 Old fridges have been dumped near the park.(공원 주변에 오래된 냉장고들이 버려져 있다.)라고 하죠. 연인을 버릴 때(ex. Did you dump Jack? 너 잭 찼어?), 불필요한 물건을 싼 가격에 다른 나라에 팔 때(ex. They are dumping outdated devices on African countries. 그들은 아프리카 국가들에 오래된 기기를 팔아넘기고 있다.)도 모두 dump를 쓸 수 있습니다.

마지막 문장은 강조의 대시가 필요합니다. **대시가 사용되는 강조는 대략 세 가지 형태가 있습니다. 중요한 내용을 강조하는 경우(ex. They protect eyes from the Sun—but make it difficult to see ahead. 이것은 태양으로부터 눈을 보호하지만, 문제는 앞을 보기 힘들다는 것!), 추가 설명을 강조하는 경우(ex. I had difficulty in reading Jack—a man who did nothing but watch TV. 나는 TV만 보고 사는 남자인 Jack의 마음을 읽기가 어려웠다.), 그리고 위와 같이 기존 문맥에서 벗어나 저자나 특정인의 입장을 투영하는 경우이죠.**

Bold & Brave

앞 문장에 이어 대시를 쓰고 —this was the work of bold

and defiant perpetrators와 같이 다음 문장을 붙여 주면 됩니다. '대담하다'라고 할 때 brave와 bold는 성격이 다릅니다. 전자는 위험과 고통을 감당한 준비가 되어 있다는 뜻(ex. Brave soldiers have brought victory to this country. 용감한 군인들이 이 나라에 승리를 가져왔다.)이라면, bold는 위험성이 있음에도 불구하고 두려워하지 않고 행한다는 뜻(ex. He is not bold enough to defy his teacher. 선생님께 대들만큼 대담하지 못하다.)으로 위 문맥에 맞습니다.

모범답안 04   **1** He couldn't stop thinking about the bizarre incidents at the Mother Paula's property. **2** First, somebody pulling the survey stakes; then dumping the alligators in the latrines; then spray-painting his squad car while he was asleep inside—this was the work of bold and defiant perpetrators. [40]

PART 2

네이티브 영어를
만드는 구조와 원리

CHAPTER 1

네이티브 영어를 만드는
핵심어와 수식어

부사절을 사물주어로 전환하는 작업을 설명한 1장과 2장에서는 '핵심어'와 '수식어'라는 용어가 등장합니다. 이들을 이해하기 위해서는 영어 문장의 구성 원리에 대한 전반적인 이해가 필요하죠. 우선 영어 문장을 만드는 작업은 퍼즐 게임과 같이 '자리'와 '조각'으로 구성됩니다. 이때 자리를 핵심어 자리와 수식어 자리로 구분하고, 조각은 단어로서 품사에 따라 8가지로 구분합니다. 단어를 약속된 자리 위에 놓는 작업이 문장을 만드는 과정이죠.

핵심어 자리는 다섯 개가 있습니다. 주어, 술어, 목적어, 주격 보어, 목적격 보어가 있죠. 주어 자리에는 명사와 대명사, 술어 자리에는 동사, 목적어 자리에는 명사와 대명사, 주격 보어 자리에는 명사, 대명사, 형용사, 목적격 보어 자리에는 명사, 대명사, 형용사만을 둘 수 있도록 약속되어 있어요. 그리고 수식어 자리는 핵심어 자리에 있는 개념을 꾸며 주는 내용을 넣는 자리로, 대부분 품사가 형용사나 부사입니다.

중요한 개념은 부사절이 아니라 핵심어 자리인 주어 자리에 두어야 한다는 내용이 바로 이러한 원리에 기반한 것입니다. Thanks to the steam engine, workers were able to run machines.와 The steam engine enabled workers to run machines.는 한국말로는 둘 다 '증기 엔진으로 인해 노동자들이 기계를 돌릴 수 있었다'이지만, 영어 문장은 완전히 달라지죠. 전자는 핵심적인 내용이 노동자가 기계를 돌린 사실이고, 후자는 증기 엔진이 그렇게 했다는 것이기 때문입니다. 이 사실을 숙지해야만 논리적인 대화와 통찰력 있는 글쓰기가 가능해집니다.

아래 한국 학생이 쓴 글을 보면 왜 이런 구분이 중요한지 알수 있습니다.

- If you get lost in the woods, it would be a serious matter.

  숲에서 길을 잃는다면 이것은 심각한 문제다.

'숲에서 길을 잃는다'라는 사실은 부사절에 있는 부수적인 정보입니다. 과연 이 정보를 없어져도 상관없는 가벼운 내용으로 취급해도 될까요? 그런데 여기서 부사절을 주절의 주어 자리에 대명사 it으로 또 받고 있습니다. 불필요한 반복도 일어나고 있네요. 이때는 To get lost in the woods would be a serious matter.로 부사절의 내용을 부정사구로 바꿔 주어 자리에 두는 것이 논리적인 구성입니다. 한국 학생이 만든 다음 문장 구성은 어떤가요?

- A sound theoretical basis is required when examining the mediation effect of hypothetical causal chains.

  가설로 제시된 일련의 인과관계에 대한 매개 효과를 검토할 때는 철저한 이론적 기초가 요구된다.

위 문장의 핵심은 '철저한 이론적 기초가 요구된다'가 됩니다. when 이하의 내용은 접속사가 살아 있는 분사구문의 형태로 만들었죠. 즉 수식어 자리입니다. '인과관계에 대한 매개 효과 검토'는 하나의 사례일 뿐 핵심적인 역할은 하지 못합니다. 만약 The study on the mediation effect of hypothetical casual chains requires a sound theoretical basis.라고 하면 어떤 변화가 생길까요? 우선 모든 정보가 핵심어 자리(주어, 술어, 목적어)에 들어옵니다. 특히 부사절의 내용이 주어의 자리에 들어오면서 내용 구성의 큰 변화가 생기죠. 이 두 가지 형태 중 어느 것이 맞고 어느 것이 틀리다는 절대적인 기준은 없습니다. 요점은 어떤 내용을 전달할 목적으로 이 말을 혹은 이 글을 제시하고 있는가에 있죠.

1 핵심절과 수식절의 배치

이제 절들을 문장 안에서 어떻게 논리적으로 배치할 것인가에 대한 공부를 해 볼까요? 종속접속사 혹은 대등접속사 등을 이용해 문장을 연결할 때 한국말 그대로 나열해 버리는 실수를 종종 저지릅니다. 본인의 의도와는 다르게 해석될 위험이 크죠. 아래 문장을 살펴보죠.

- There are few diseases that are determined by a single gene, so what can be provided by genomic testing is the degree of predictability of disease, and this result is insufficient to make medical decisions.
  하나의 유전자로 결정되는 질병을 거의 없으며, 그래서 게놈 테스트가 제공할 수 있는 것은 질병의 예상 정도이고, 이 결과는 의료적 결정을 하는 데 충분치 않다.

위 문장은 한국인의 눈에는 문제될 것이 없어 보입니다. 하지만 영어 문장 구조를 분석해 보면 얘기는 달라집니다. 세 가지 내용을 대등접속사로 열거하는 구조입니다. 이때 각각의 정보는 대등한 무게를 가지는 것으로 간주되죠. 즉 무엇이 중요한 내용인지에 대한 구분이 정확히 드러나지 않습니다. 그나마 그 차이를 구분한다면 어떤 내용이 먼저 위치하고 있는가에 따라 좌우되죠. 즉 구조적으로 살펴보면 '하나의 유전자로 결정되는 질병은 거의 없다'가 핵심 내용이 됩니다.

과연 저자가 이 말을 하기 위해 위의 글을 썼을까요? 글쓴이의 의도를 보다 면밀히 분석해 보면 저자는 '게놈 테스트 결과가 의료적 결정을 하는 데 충분치 않다'를 주장하려고 이 글을 쓴 것임을 알 수 있습니다. 하지만 이런 구조 하에서는 저자의 의도가 왜곡되어 버리죠. 그럼 구조를 어떻게 바꾸면 저자의 의도에 가장 맞는 문장이 될까요?

- Genetic testing does not provide sufficient information for medical decisions, simply helping predict disease outbreaks, because there are few diseases that can be determined by single gene.

  게놈 테스트는 의료적 결정에 충분한 정보를 제공하지 못한다. 단순히 발병을 예상하는 데 도움이 될 뿐이다. 왜냐하면 하나의 유전자로 결정되는 질병은 거의 없기 때문이다.

핵심적인 내용을 주절에 배치하고, 나머지 내용은 분사구문과 종속 접속사 because가 이끄는 부사절로 만들어 모두 수식어 자리에 배치를 했습니다. 핵심어와 수식어를 명확히 구분하고 있습니다. 이렇게 만들면 논리적인 구조가 명확하게 한눈에 들어옵니다. 물론 특정 정보를 나열할 목적이라면 대등접속사로 연결하는 것도 맞습니다. 하지만 위 문맥은 논리 구조가 보여야 하는 주장문이기 때문에 얘기가 달라지는 거죠. 이치에 맞는 말하기와 통찰력 있는 글쓰기는 바로 의도와 구조가 맞아떨어지는 정보의 배치에 달려 있다고 해도 과언이 아닙니다.

2 수식어의 기능에 따른 배치

그렇다면 수식어는 의도와 상관없이 핵심어 자리가 아닌 곳에 마음대로 배치해도 되는 걸까요? 이 부분도 고민이 필요합니다. **중요한 수식어 내용과 그렇지 않은 수식어도 놓이는 위치가 다르기 때문입니다.** 이번에도 한국 학생이 쓴 글을 보며 문제점을 찾아보죠.

- As the coronavirus pandemic rages across the U.S., governors across the country are banning nonessential procedures, as an effort to conserve medical supplies for healthcare workers treating coronavirus patients. Ohio and Texas have classified abortions as nonessential or elective

medical procedures.

미국 전역에 코로나가 맹위를 떨치면서 이 나라의 주지사들은 꼭 필요하지 않은 수술을 금지하고 있는데, 이는 코로나 환자를 치료하는 의료 인력을 위한 의료 물품을 보존하기 위한 노력의 일환이다. 오하이오와 텍사스주는 낙태를 꼭 필요하지 않은 혹은 선택적 의료 수술로 구분하였다.

위 문장의 주제문은 '이 나라의 주지사들은 꼭 필요하지 않은 수술을 금지하고 있다'이고, 이 내용을 두 개의 수식어가 꾸며 주고 있습니다. '미국 전역에 코로나가 맹위를 떨치면서'와 '코로나 환자를 치료하는 의료 인력을 위한 의료 물품을 보존하기 위한 노력의 일환'이 그것이죠. 둘 중 어느 수식어가 더 핵심적인 역할을 하고 있을까요? 물론 두 번째 내용입니다. 왜 금지하는지에 대한 구체적인 이유를 제시하고 있으니까요. 그렇다면 더 중요한 수식어 자리인 앞에 두는 것이 맞지 않을까요?

그리고 두 개의 수식어 모두 as를 사용하고 있습니다. 전자는 전치사, 후자는 접속사로 품사는 다르지만 가능한 동일한 형태의 수식어를 반복적으로 사용하는 것은 지양해야 합니다. 수식어의 위치와 형태 모두 수정이 필요한 상황이라고 볼 수 있죠. 그렇다면 어떻게 바꾸면 의도에 맞는 이상적인 구조가 될 수 있을까요?

- As an effort to conserve medical protective equipment in the midst of the spread of the coronavirus disease in the U.S, several states including Texas and Ohio have banned medical

facilities from providing abortion care, because,
they claim, it is not a medically essential service.

미국에서 코로나가 맹위를 떨치는 가운데 의료 방호용장비 보존을 위한 노력의
일환으로 텍사스주와 오하이오주를 포함한 몇몇 주들이 의료시설들이 낙태수술
을 하지 못하도록 금지했다. 왜냐하면 이들은 이것이 의료적으로 반드시 필요한
서비스가 아니라고 보고 있기 때문이다.

**수정된 문장은 우선 중요한 수식어 내용을 전면에 배치했습니다. 그
리고 접속사 as를 대신해 '한창 ~하는 중에 있는'의 in the midst
of를 삽입했죠. 이렇게 하면 수식어들이 다양한 형태로 차등화된
무게를 만들어 낼 수 있습니다.** 그리고 첫 문장은 '이 나라의 주
지사들'과 '오하이오와 텍사스주'를 별도의 문장에 배치했
지만 이것은 불필요한 반복입니다. Several states including
Texas and Ohio와 같이 개념과 예시로 구분하여 한 문장으
로 처리하는 것이 맞습니다.

---

3 기능과 구조의 통일

만약 수식어가 동일한 무게와 역할을 한다면 어떻게 할까요?
그때는 동일한 구조로 열거하는 것이 맞습니다. 이때는 얼마
든지 대등접속사로 연결하면 됩니다. **핵심은 동일한 기능을 하
면 동일한 구조로, 다른 기능을 하면 다른 구조로 문장을 구성해야
한다는 점입니다. 아래 한국인의 문장을 보면서 왜 이 원리를 지키
는 것이 중요한지를 살펴보죠.**

- Journalism has developed along with technology, and technology significantly helps enlarge the coverage of journalism and gets power spreading its content among the masses more effectively.

  저널리즘은 기술과 함께 발전해 왔으며, 기술은 저널리즘의 보도 범위를 넓히는 데 크게 기여했으며, 보다 효과적으로 대중들 사이에 내용을 보급하는 데 힘을 가지게 되었다.

위 세 개의 문장은 동일한 형태로 열거되어 있습니다. 그렇다면 이들은 동일한 기능을 하고 있다고 봐도 무방할까요? 결론부터 말씀드리면 잘못된 구성입니다. '저널리즘이 기술과 함께 발전해 왔다'는 것이 주제이고, 뒤에 따르는 문장들은 발전했다는 내용에 대한 구체적인 설명이죠. 그렇다면 첫 문장과 그 이후 문장의 형태를 다르게 해야 합니다. 물론 이후 문장들은 모두 같은 무게의 수식 기능을 하기 때문에 동일한 구조로 만들어야 하고요.

- Technology has played a key role in the development of journalism; It has impacted the creation of contents, arrangement of productions, and the limit of distribution.

  기술은 저널리즘 발전에 중요한 역할을 해 왔다. 기술은 콘텐츠 창작, 제품 계획, 배급 범위에까지 그 영향을 미쳐 왔다.

여기서 볼 수 있듯이 **주제문을 별도로 배치하고, 나머지 구체적인 내용을 제시하는 정보들을 동일한 형태로 나열하고 있습니다. 이들은 절이 아니라 구의 형태로 통일시켰습니다. 굳이 주어와 동사가**

필요 없는 내용이기 때문입니다. 세미콜론을 활용해서 두 문장 간의 꾸밈을 주고받는 밀접한 관계를 표시했죠.

이렇듯 핵심어와 수식어에 대한 이해를 바탕으로 말을 하고 글을 쓰는 습관을 가지는 것이 좋습니다. 이것은 굳이 영어 말하기와 글쓰기에 국한된 것이 아닙니다. 말을 잘하고 글을 잘 쓰는 사람이 되고 싶다면 정보의 기능과 역할에 따라 논리적인 구조를 만들어 내는 능력이 있어야 합니다.

CHAPTER 2

네이티브 영어를
만드는 구와 절

구와 절은 각각 명사, 형용사, 부사의 기능을 할 수 있습니다. 구는 두 단어 이상이 모여 있는 구조입니다. 가령 the books on the table(책상 위에 있는 책들)에서 on the table은 두 단어 이상이 모여 명사인 책을 꾸며 주고 있기 때문에 형용사의 기능을 하는 전치사'구'라고 하죠. 절은 두 단어 이상이 모여 있는데 그 안에 '주어 + 술어' 자리가 있습니다. I don't know how he has escaped.(그가 어떻게 도망쳤는지 나는 모르겠다.)에서 how 이하는 know의 목적어로 명사의 기능을 하지만 그 안에 주어와 술어 자리가 있어 명사의 기능을 하는 의문사'절'이라고 합니다. 이렇듯 명사, 형용사, 부사의 기능을 하는 구와 절은 여러 형태가 있는데, 재미있는 점은 원어민과 한국인이 선호하는 형태에 차이가 있다는 겁니다.

명사	구	부정사
		동명사
	절	that
		if/whether
		의문사
		what
형용사	구	부정사
		전치사
		분사
	절	관계사
부사	구	부정사
		전치사
	절	접속사

앞의 표는 명사, 형용사, 부사의 기능을 하는 구와 절들을 정리한 내용입니다. 한국인과 원어민의 글을 분석해 보면 한국인들은 절을, 원어민들은 구를 선호하는 경향이 있습니다. 그래서 이 책에서 전치사구나 분사구의 활용을 강조하고 있는 것이죠. **한국인이 절을 선호하는 것은 한국어 구조에 가깝기 때문입니다. 한국식 영어를 극복하려면 가능한 구로 표현하려는 노력을 의식적으로 해야만 하죠.**

1 명사구와 명사절

명사의 역할을 하는 구와 절에서 한국인들은 that절을 선호하는 경향을 보입니다. 반면 원어민들은 동명사구나 부정사구를 활용하는 빈도가 높죠. 예를 들어, '우리는 차를 팔지 고심 중이다'라고 할 때 한국인들은 We are considering that we should sell the car.라고 하는 반면, 원어민들은 We are considering selling the car.라고 한다는 거죠.

한 가지 예를 더 들어 볼까요? '나는 오늘 내에 숙제를 끝내기가 어렵다는 것을 알았다'라고 하면 한국인들은 I knew that it was difficult to finish my homework today.라고 하지만, 원어민들이 I found it difficult to finish my homework today.라고 합니다. 5형식을 만드는 find를 이용하여 '~것이 ~한 것을 알게 되다'라는 구조를 만들고, 가목적어 it을 목적어 자리에 두고 진목적어인 to finish my homework today를 뒤에 두는 용법을 활용하죠. 그렇다면 실제로 한국인의 문장에 구를 적용하면 어떤 변화가 생기는지 아래 내용을 통해 더 깊이 살펴보죠.

- We should ease regulations in stages, improve vaccination strategies, and comply with quarantine rules. By doing so, we can see a prosperous era of 'With COVID-19.'
  우리는 단계별로 규제를 완화하고 백신 전략을 개선하고 방역 규칙을 준수해야 한다. 그렇게 함으로써 우리는 번창하는 위드 코로나 시대를 맞이할 수 있다.

주어를 사람으로 하고 '주어 + 술어'의 형태로 나열하다가, 막판에 '그렇게 함으로써'로 마무리되는 구조입니다. 한국인 문장에서 볼 수 있는 전형적인 형태입니다. 이에 상응하는 원어민의 문장은 아래와 같이 앞에 나열된 절들을 동명사구로 바꿔서 주어로 두는 구조이죠. 이렇게 하면 인과관계가 한눈에 들어옵니다.

- Phasing out regulations, improving vaccination strategies, and the individuals' compliance with the rules are all prerequisite for getting us ready for a new 'With COVID-19' era.
  규칙을 완화하고 백신 전략을 개선하고 개인들이 규칙을 지키는 것이 우리가 위드 코로나 시대를 준비하는 데 있어 필수 조건이다.

1. 동명사구와 부정사구의 차이

동명사구와 부정사구를 가능한 활용하려고 노력해야 합니

다. 그렇다면 동명사구와 부정사구는 같을까요? **보통 한국식 영어에서는 큰 구분없이 '~하는 것'으로 해석해서 사용하지만, 원어민의 문장에서는 이 둘 간에도 차이를 둡니다. 동명사는 과거, 연속, 상태의 뉘앙스를 가지고, 부정사는 미래, 일시, 행위의 뉘앙스를 가지죠.** 그래서 '나는 너를 다시 볼 것을 기대한다'를 I expect to see you again. 라고 하지, I expect seeing you again. 이라고 하지 않습니다. 왜냐하면 expect는 '~을 기대하다'란 뜻 때문에 목적어 자리에 반드시 미래의 내용이 와야 하기 때문이죠.

마찬가지로 '그들은 무중력 상태를 연습해야만 했다'고 할 때도 They had to practice being weightless. 라고 하지, They had to practice to be weightless. 라고 하지 않습니다. '~을 연습하다'는 상시적으로 반복적으로 하는 것이기 때문이죠. 하나 더 해 보죠. I remember to lock the door. 가 맞을까요? I remember locking the door. 가 맞을까요? 결론부터 말씀드리면 둘 다 맞습니다. 하지만 의미는 다르죠. 전자는 앞으로 잠그는 것을 기억하는 것이고, 후자는 이미 잠근 것을 기억한다는 뜻이죠. 즉 전자는 현재 문이 열려 있고, 후자는 잠겨 있습니다.

2. 명사절의 유의사항

명사절을 만들 수 있는 것은 that 외에도 의문사, if/whether, 관계사 what이 있습니다. 이들은 특정한 의미를 가지기 때문에 한국인과 원어민 문장 간에 큰 차이는 없습니다. 하지만 한국인들이 자주 실수하는 부분은 있죠. 우선 의문사 how 와 what의 구분입니다. '나는 그가 어떻게 생겼는지 궁금하다'는 how일까요, what일까요? 정답은 what입니다. I am wondering what he looks like.라고 하죠. 하지만 '그는 그녀를 어떻게 설득했는지 내게 물었다'는 He asked me how I had persuaded her.로 how가 이끄는 명사절을 씁니다.

두 경우 모두 한국말로는 '어떻게'이지만 의문사가 다릅니다. **그 이유는 이들의 품사가 다르기 때문이죠. 즉, what은 명사, how는 부사입니다. 두 문장의 원형을 거슬러 올라가면 전자는 he looks like what이고, 후자는 I had persuaded her how이죠. what은 전치사 like의 목적어 자리에 들어간 명사, how는 persuade를 꾸며 주는 부사입니다.** 이들이 명사절을 만들 때는 문장 앞으로 위치를 바꾸게 되죠. 이 부분에 대한 자세한 설명은 필자의 책 《미국식 영작문 수업 입문》의 '의문사절로 만드는 명사편'을 보시기를 추천드립니다.

의문사 what과 관계사 what의 구분도 필요합니다. 관계사 what은 'the thing + that'을 줄여 만든 것으로 뒤에 수식어가 따라옵니다. 예를 들어, I want the thing that you have.는 I want what you have.로 바뀌죠 이때의 what은 관계사로, want의 목적어가 됩니다. if/whether는 명사절을 이끌 때 둘 다 '~인지'로 해석되는데요, 관련하여 반드시 기억해두어야 할 표현이 있습니다. 바로 see if입니다. Let's see if he is okay. (그가 괜찮은지 알아보자.)와 같이 '~인지 알아보다'의 뜻으로 일상적으로 많이 쓰이는 표현입니다.

2 형용사구와 형용사절

형용사 파트에서도 한국인은 관계사절, 원어민은 전치사구와 분사구의 사용 빈도가 높습니다. 부정사구는 이 그룹간 크게 구별되는 차이는 없습니다. 한국인이 관계사절을 선호하는 것은 역시 한국어 문장과 유사하기 때문입니다. 아래 문장을 보면서 설명해 볼까요?

- Workers who overcome stress easily have a lower possibility of being depressed.
  스트레스를 잘 극복하는 노동자들은 우울증에 걸릴 확률이 낮다.

위의 한국인이 쓴 문장은 관계사절이 형용사의 기능을 하고 있습니다. 한국어 문장 구조와 단어가 모두 동일하죠. '~을 잘 극복하다'가 동사이기 때문에 자연스럽게 관계사절로 이어지게 됩니다. 하지만 이 의미를 가장 잘 전달할 수 있는 명사가 있죠. 바로 **resilience**입니다. 즉, 힘들고 어려운 일을 겪고 나서도 다시 행복하고 성공적인 생활로 돌아갈 수 있는 능력을 일컫죠. 이 단어를 이용해 '이런 능력을 가지고 있는'의 전치사구로 노동자를 꾸며 주는 구조가 원어민의 글에서는 보입니다.

- Workers with resilience to stress are less likely to feel depressed.

위 문장은 구성과 배치가 완전히 달라집니다. '~할 가능성이 낮거나 높다'고 할 때는 have a low/high possibility of가 아니라, be less likely to 혹은 be more likely to의 구조를 사용한다는 것도 유념해야 하죠. '우울감을 느끼다'도 2형식 동사 feel을 쓰고 보어 자리에 과거분사 depressed를 쓴다는 것도 참고할 부분입니다. 무엇보다도 형용사 기능을 하는 전치사구의 활약을 꼭 기억해야 합니다.

전치사 with는 '~을 가지고 있다'라는 기본 의미로 아주 많은 문맥에서 쓰입니다. 예를 들어, I like a skirt with ribbons. (나는 리본이 있는 스커트를 좋아한다.)와 같이 주체가 어떤 객체를 가지는 것, Please fill out the form with the computer there. (저기 있는 컴퓨터로 양식을 작성하세요.)와 같이 도구를 가지는 것, She always deals with matters with care. (그녀는 항상 주의하여 문제를 해결한다.)와 같이 어떤 상태를 가지는 것일 수 있죠.

1. 서술적으로 자주 쓰이는 전치사구

이렇듯 전치사구는 원어민들이 가장 선호하는 간결한 수식 구조를 만들어 냅니다. 특히 형용사 기능을 하는 전치사구는 더욱 중요하죠. 왜냐하면 이 책 6장에서 살펴봤듯이 '나는 당신을 사랑합니다'를 I love you.와 같이 동사로 나타낼 수도 있고, I am in love with you.와 같이 전치사구로 표현할 수도 있어요. 전자는 사랑한다는 사실, 후자는 사랑하고 있는 상태를 나타낸다고 이미 말씀드렸습니다.

이 차이를 구분하려면 형용사의 활용법에 대한 이해가 필요합니다. 형용사는 보통 한정적 용법과 서술적 용법으로 나뉩니다. the smart child(똑똑한 아이)와 같이 명사를 한정해서 직접적으로 꾸며 주는 경우와 The child is smart.(이 아이는 똑똑하다.)와 같이 보어 자리에 들어가 주어를 서술하여 꾸며 주는 경우가 있죠.

전치사구도 이와 동일하게 쓰일 수 있어요. a book on the table(탁자 위의 책)과 같이 '탁자 위에 있는'으로 책을 한정해서 꾸며 줄 수도 있지만, He is on the computer.(그는 컴퓨터를 하고 있다.)와 같이 보어 자리에 들어가 주어를 수식할 수도 있죠. 이때 한국인들이 '컴퓨터를 하고 있다'가 on the computer라는 것을 모르는 경우가 많습니다. 그렇다면 서술적으로 자주 쓰이는 전치사 on, in, under, off를 아래에서 보다 구체적으로 살펴보도록 하죠.

❹ On

on의 기본 의미는 '붙어 있는 접촉'입니다. 단순히 '~위에' 뿐만 아니라 '~옆에'(ex. a light switch on the wall 벽에 있는 스위치), '~밑에'(ex. a camera on the ceiling 천정에 있는 카메라)와 같이 붙어 있으면 어디나 쓸 수 있죠. 이렇게 붙어 있다 보면 관련이 되어지고(ex. A book on the solar system 태양계에 대한 책), 의존도 하게 되고(ex. Whether it starts depends on cost. 시작할지 말지는 비용에 달렸다.), 영향도 미치게 되어(ex. This group has a great influence on mass media. 이 단체는 대중매체에 지대한 영향을 미친다.) 의미가 더욱 확장됩니다.

서술적 용법으로 쓰이는 문맥은 주로 '~을 하고 있는', '~한 과정
에 있는', '~에 속해 있는', '~에 나오는'으로 구분할 수 있어요. 즉,
어떤 활동, 과정, 조직, 프로그램 등과 접촉하고 있다는 기본 뜻에서
시작합니다. 아래 표를 참조해 주세요.

~을 하고 있는	활동	Buffalo are **on** the move to find food. 물소가 먹이를 찾기 위해 이동중이다.
	여행	They are **on** a trip to London. 그들은 런던을 여행하고 있어요.
	이용	Who is **on** the telephone? 누가 전화기를 사용하고 있죠?
	변화	The price of industrial materials is **on** increase. 산업 자재 가격이 증가하고 있다.
~한 과정에 있는	길	He is **on** his way home. 그는 집에 오는 길이다.
	과정	We are **on** the right track. 우리는 잘하고 있어.
~에 속해 있는	조직	How many people are **on** the board of directors? 이사회에 사람이 몇 명인가요?
	표면	Her name was not **on** the list. 그녀의 이름이 명단에 없었다.
~에 나오는	방송	Do you know Jack was **on** *The Tonight Show*? 잭이 〈투나잇 쇼〉에 나온 거 아세요?

B In

in은 '~안에'라는 기본 뜻을 가집니다. on은 단순히 접촉이
라면, in은 깊숙이 더 들어가 있는 것이죠. 공간의 안(ex. a book
in the bag 가방안의 책)뿐만 아니라, 집단의 안(ex. twenty students in each

class 각 반의 20명의 학생), 영역의 **안**(ex. She majored in mass communication. 그녀는 대중매체를 전공했다.), 시간의 **안**(ex. I will be back in an hour. 한 시간 안에 돌아오겠다.) 등 그 맥락은 매우 다양합니다.

특히 안에 들어가게 되면 안과 밖이 분리되어 한정이 일어납니다. 그래서 주어진 특정한 상태(ex. This dog rescues people in danger. 이 개는 위험에 빠진 사람을 돕는다.), **방식**(ex. He did his job in a professional manner. 그는 전문적인 방식으로 일을 했다.), **수단**(ex. Can you pay in cash? 현금으로 지불하시겠습니까?), **활동**(ex. This book is helpful in gardening. 이 책은 정원을 꾸미는 데 도움이 된다.) 등도 나타낼 수 있어요.

서술적 용법도 이와 같은 맥락에서 아래 표와 같이 '~을 입고 있는', '~하는 과정에 있는', '~한 상태에 있는', '~에 몸담고 있는'의 의미를 가지게 됩니다.

~을 입고 있는	의복	She is **in** a long skirt and white blouse. 그녀는 긴 치마에 하얀 블라우스를 입고 있다.
~하는 과정에 있는	진행	Our new program is still **in** development. 우리의 새로운 프로그램은 아직 개발 중이다.
~한 상태에 있는	활동	Why isn't she **in** school today? 그녀는 오늘 왜 학교에 안 갔죠?
	상황	They are **in** danger. 그들은 위험에 처해 있다.
	공간	Are you still **in** bed? 너 아직 침대에 있는 거야?
~에 몸담고 있는	소속	I was **in** the army when the war broke out. 전쟁이 터졌을 때 나는 군대에 있었다.

ⓒ Under

under를 '~ 아래'로 알고 있는 분이 많습니다. 하지만, '~ 아래'라고 하면 below나 beneath같은 전치사도 있죠. 어떤 차이가 있을까요? below는 상대적으로 아래에 있다는 의미(ex. He put his name below the title. 제목 아래에 이름을 썼다.), beneath는 바로 붙어 있는 아래(ex. She hid something beneath a blanket. 담요 아래에 무언가를 숨겼다.)를 뜻하죠.

under는 '~이 덮고 있는 아래'(ex. She put her handbag under her arm. 그녀는 핸드백을 겨드랑이 아래에 꼈다.)를 뜻합니다. 덮여 있으면 그것에 좌지우지되기 쉽죠. 그래서 '~에 영향을 받는'(ex. He tried to keep everything under his control. 그는 모든 것을 그의 통제하에 두려고 했다.), '~한 상태에서'(ex. This country is under pressure to open its ports. 이 나라는 개항의 압력을 받고 있다.), '~에 속하는'(ex. They put his book under the category of non-fiction. 그들은 그의 책을 논픽션으로 분류했다.)으로 의미가 확장됩니다.

서술적 용법으로 활용될 때도 '~을 받고 있는', '~이 진행 중인,' '~의 영향 아래 있는'으로 활용되고 있습니다. 덮여 있는 상황이니 종속과 피동의 뉘앙스를 가지게 된 거죠.

~을 받고 있는	공격	This old fort was **under** attack for weeks. 이 오래된 요새가 수주간 공격을 받았다.
	압력	Employees are **under** pressure to quit their jobs. 직원들이 퇴직 압력을 받고 있다.
	통치	The Joseon Dynasty was **under** Japanese rule. 조선은 일본 식민 통치하에 들어갔다.
~이 진행 중인	조사	The record is **under** scrutiny before the election. 선거 전에 기록을 면밀히 조사하고 있다.
	논의	Your proposal is **under** discussion now. 당신 제안서는 현재 논의 중이다.
	고려	Every possible scenario is **under** consideration. 모든 가능성을 고려 중이다.
	공사	The road is **under** construction. 도로는 공사 중이다.
~의 영향 아래 있는	통제	Is everything **under** control? 모든 것이 통제하에 있나요?
	영향	He was **under** the influence of alcohol. 그는 음주 상태였다.

❹ Off

off의 기본 뜻은 '떨어짐'입니다. 공간(ex. The balloon is lifting off the hill. 기구가 언덕에서 떨어져 올라가고 있다.), 활동(ex. He has stayed off drinking. 그는 여전히 술을 마시지 않고 있다.), 상태(ex. Something has knocked me off balance. 무언가 나를 쳐서 균형을 잃게 했다.), 길(ex. The ball rolled off the track. 공이 트랙을 벗어났다.)과 같이 쓸 수 있죠.

'떨어짐'의 의미가 한층 더 확장되어 He lives off the fortune his parents have left. (그는 부모님이 남기고 간 재물로 먹고 산다.)와 같이 '~을 뜯어내다' 식의 표현도 가능하게 됩니다. **서술적 용법에 쓰인 off도 위에 언급한 기본 뜻으로 활용되어, '~을 하지 않는', '~을 끊은', '~에서 벗어난'의 뜻을 가지죠.**

~을 하지 않는	일	He is **off** work at 6 o'clock. 그는 6시에 퇴근한다.
	활동	I am **off** the smartphone. 나는 스마트폰을 쓰지 않는다.
~을 끊은	섭취	Are you **off** coffee now? 너 커피 끊었어?
~에서 벗어난	요점	I think his argument is **off** the point. 그의 주장은 요점에서 벗어난 것 같다.
	상태	He caught the bird while it was **off** guard. 그는 새가 방심한 사이에 새를 잡았다.

2. 분사구의 활용

분사는 원어민이 가장 선호하는 대표적인 형용사로, 단어나 구의 형태를 가집니다. 한국인들이 특히 취약한 부분이라 구와 단어 모두를 살펴보도록 하죠. 이들은 동사에 뿌리를 두고 있어요. 동사를 현재분사로 바꿔 진행과 능동의 의미로, 과거분사로 바꿔 수동과 완료의 의미로 명사를 꾸며 줍니다. 그래서 분사로 모양이 바뀌어도 동사가 가진 본연의 성질이 그대로 유지된다는 것을 반드시 기억해야 합니다.

예를 들어, **agree**는 '동의하다'란 뜻을 가진 1형식 동사입니다. 이때 '~에게 동의하다'는 전치사 with (ex. I agree with you. 난 당신에게 동의합니다.), '~에 동의하다'는 전치사 to (ex. We agree to the conditions. 우리는 그 조건에 동의합니다.)를 쓰죠. 이들은 분사가 되도 그 성질이 계속 남아 있어요. 즉, '여기에 우리가 동의한 조건이 있습니다'라고 할 때 Here are the conditions agreed to by us.와 같이 to가 계속 살아 있다는 겁니다.

이와 더불어 해당 동사의 주어 역할을 하는 명사가 하이픈으로 연결되어, 보다 구체적으로 명사를 꾸며 줄 수 있는 기능도 있습니다. 예를 들어, '설경'을 snow-covered landscape라 하거나, '생명 유지 장치'를 life-sustaining devices라 하여, 과거/현재분사 모두 그 앞에 해당 주어를 가져와 구체적인 수식을 할 수 있죠.

마찬가지로 부사와 결합도 가능합니다. 예를 들어, '바로 버려진'을 quickly-discarded, '지나치게 편파적인'을 heavily-slanted, '오래 지속하는'을 long-lasting과 같이 표현할 수 있어요. **원어민들이 이런 방식을 선호하는 이유는 구체적인 설명이 가능하기 때문입니다. 영어는 문장의 구조는 가능한 한 단순하게, 설명은 가능한 한 구체적으로 하는 것을 좋은 글쓰기와 말하기의 조건으로 보고 있기 때문에 이런 활용이 빈번하게 일어납니다.**

하지만 한국인의 글에서는 분사가 그만큼 자주 보이지는 않습니다. 보통 분사가 들어가야 할 자리에 동사를 쓰는 경우가 많아요. 이 책 5장에서 동사를 대신하는 분사들에 대해서 이미 살펴봤습니다. 특히 세션 2의 실전문제 4에서 '이들의 비틀어진 몸은 거칠게 포효하듯 뒤엉키며, 발로 서로 밀치고, 송곳니로 서로를 베는 상황으로 치달았다'는 분사를 활용하지 않고는 문장 자체를 만들 수가 없었습니다. 즉, '발로 밀치고'를 scrambling feet라고 하거나, '송곳니로 서로를 베는'을 slashing fangs와 같이 '분사 + 명사'로 영어 문장의 변형이 일어나죠.

또한 분사의 활용은 8장에서 배운 '동시 상황, 상태, 원인의 with'와 깊은 관련이 있습니다. 앞에서 배웠듯이, 'with + 목적어 + 수식어' 구조의 수식어 자리에는 형용사, 전치사구, 분사가 올 수 있습니다. 이때 현재분사는 진행과 능동의 의미를, 과거분사는 수동과 완료의 의미를 포함하는 동시성을 부각시키기 위해 활용되고 있죠.

3 부사구와 부사절

부사의 기능을 하는 구와 절로는 접속사절, 부정사구, 전치사구가 있습니다. 이중 접속사절이 한국인의 문장에 가장 빈번히 등장합니다. 접속사절을 줄일 수 있는 확실한 대안은 분사구문입니다. 분사구문은 접속사절과 주절의 주어가 동일할 경우 접속사절의 접속사를 생략하고 동사를 분사로 바꿔 만들어집니다. 이 경우 의미상의 약간의 변화가 일어나는데요, 바로 수식의 방향이 주절의 주어에 집중되는 경향을 보인다는 점이죠.

- As soon as he arrived home, he checked his computer.

  그는 집에 오자마자, 컴퓨터를 확인했다.

  → Arriving home, he checked his computer. ⓐ

  (He, arriving home, checked his computer.) ⓑ

주절의 문장 전체를 꾸며 주던 as soon as가 이끌던 부사절이 ⓐ와 같이 arriving home의 분사구문으로 바뀌면서 주어인 he에 수식의 초점이 맞춰집니다. 이로 인해, arriving home 의 위치가 주어의 앞뒤로 자유롭게 이동하는 경우가 종종 발생하게 됩니다. ⓑ와 같이 뒤에 둔다면 주어인 'He'가 더 부각되는 효과를 만들 수도 있죠.

분사구문과 관련하여 이 책에서 특히 강조한 부분은 대등접속사 and로 연결된 분사구문이었습니다. 내용을 덧붙여 부연 설명을 하는 경우 어김없이 등장하는 구조이죠. 원어민의 글에서 너무나 자주 활용되는 방식이라 아무리 강조해도 지나치지 않습니다. 하지만 이때도 의미상의 변화가 일어납니다. and는 절과 절을 대등하게 연결해 줍니다. 각각의 정보는 독립성을 가지고 동등한 역할을 하게 되죠. 하지만 분사구문의 형태로 바뀌면 독립성이 다소 희석됩니다.

이런 차이는 대등접속사와 분사구문이 모두 등장하는 문장에서 특히 구별됩니다. 4장 세션 1, 실전문제 3에서 '그녀는 방향을 돌려 주차장 주변을 보며 왼쪽부터 오른쪽까지 쭉 훑었다'를 She turned and looked around the parking lot, sweeping her eyes from left to right.라고 한 것을 기억하실 겁니다. '방향을 돌려'와 '주차장 주변을 보다'는 독립성을 가진 각각의 정보로 보고, '왼쪽부터 오른쪽까지 쭉 훑었다'는 '주변을 보다'에 덧붙여지는 설명으로 간주하여, 분사구문의 형태로 바꾼 것이었죠.

1. 부정사구의 결과적 용법

부사의 기능을 하는 부정사구는 문장 전체를 꾸며 주는 방식을 목적, 결과, 근거, 이유로 구분하여 가르치고 있습니다. **이 중 한국인이게 특히 취약한 부분이 바로 '결과'입니다. 문맥에 따라 '결과'와 '목적'이 헷갈리는 경우도 있죠. 예를 들어, She grew up to be a famous singer.를 '그녀는 유명한 가수가 되기 위해 자랐다'로 볼지, '그녀는 자라서 결국 유명한 가수가 되었다'로 볼지 불분명할 수 있어요. 하지만 여기서는 '결과'가 맞습니다. 왜냐하면 동사 grow up 때문이죠. 생물학적 성장은 그냥 자라는 것이지 인위적인 목적을 가지는 것이 아니기 때문입니다.**

이렇듯 명백한 근거가 있는 경우를 제외하고는 혼돈의 여지가 있어, 결과로 쓰일 경우 부정사 앞에 쉼표를 찍거나, only나 just와 같은 부사를 붙이기도 합니다. 예를 들어, '그는 진입로에 들어섰지만 결국 길이 막힌 것을 알게 되었다'를 He turned up the driveway, just to find his way blocked.라고 할 수 있고, '치아는 5~6살에 빠져 결국 그 자리에는 더 큰 치아가 자랍니다'를 Your teeth start to fall out when you are five or six years old, to let bigger ones grow in the place.라고 할 수 있다는 겁니다.

2. 부사의 기능을 하는 전치사구

마지막으로 부사의 기능을 하는 전치사구를 살펴보려고 합니다. 그 성격에 따라 크게 두 개의 그룹으로 나뉩니다. 우선, 3장에서 배운 위치, 상태의 전환을 책임지는 전치사와 관련됩니다. '자동사 + 전치사구', '타동사 + 목적어 + 전치사구'의 구조를 가지죠. 이때 전치사구는 부사의 기능을 합니다. 3장 세션 1의 실전문제 4에서 '바닥에서 먼지가 일어나 내 입으로 들어왔다'를 Dust blew off the floor and into my mouth.라고 한 것 기억하시죠? 이때 전치사구 off the floor와 into my mouth는 모두 자동사 blow를 꾸며 주는 부사의 기능합니다.

'엄마는 마지막 순간까지 하트(Hart)를 침대에서 끄집어 내려고 안간힘을 써야만 했다'를 His mother had to pull Hart out of bed at the last second.라고 한 것도 기억하실 겁니다. 이때는 '타동사 + 목적어 + 전치사구'의 구조를 가지고 있죠. 전치사의 이런 기능은 일상적인 영어를 구사하는 데 있어서 없어서는 안될 핵심 용법입니다. 이미 강조했듯이 동사가 아니라 전치사가 위치와 상태의 전환을 책임진다는 인식의 전환이 필요합니다. 이 내용은 '5장 구동사 활용'에서 더욱 구체적으로 살펴보도록 하죠.

두 번째 그룹은 바로 종속접속사를 대신해 쓰이는 전치사구를 들 수 있습니다. 이 내용은 6장에서 다루었죠. '현재 재정 상태를 고려한 결과 공격적인 투자는 적절하지 않은 듯하다'를 An aggressive investment does not seem appropriate in light of the current financial situation.이라고 했습니다. 즉, After we consider the current financial situation이 아니라 in light of라는 전치사구의 형태를 써야 한다고 강조하였습니다.

접속사절을 대신할 수 있는 이런 전치사구의 활용은 문장의 수준을 가늠하는 중요한 도구입니다. 특히 전치사구는 접속사와 비교해 더 구체적인 연결고리의 역할을 하기 때문에 문맥에 맞는 정확한 의미를 전달할 수 있죠. 주요한 접속사들을 대신할 수 있는 전치사구를 아래와 같이 정리했습니다.

Ⓐ when을 대신하는 전치사구

when은 시간과 조건을 나타내는 부사절을 이끄는 대표적인 접속사입니다. 이를 대신할 수 있는 전치사구로는 in times of, on the occasion of, in the midst of, at the thought of, in the presence of, in the absence of, at the sight of 등을 들 수 있습니다. 이들은 각각의 문맥을 가지고 있는데요, in times of는 '어떤 일이 있을 때,' on the occasion of는 '중요한 일이 있을 때,' in the midst of는 '한창 ~일 때,' at the thought of는 '~을 생각할 때,' in the presence of는 '~이 있을 때,' in the absence of는 '~이 없을 때,' at the sight of는 '~을 보았을 때'

와 같은 구체성을 가집니다.

in times of	Can you help me **in times of** need? 도움이 필요할 때 나를 도와줄 수 있나요?
on the occasion of	They gather together **on the occasion of** important events. 그들은 중요한 일이 있을 때 함께 모인다.
in the midst of	She bore him **in the midst of** war. 그녀는 전쟁이 한창일 때 그를 낳았다.
at the thought of	He smiled **at the thought of** going home. 그는 집에 돌아갈 생각만 해도 웃음이 났다.
in the presence of	They turned silent **in the presence of** strangers. 모르는 사람이 나타나자 그들은 조용해졌다.
in the absence of	I do not say anything **in the absence of** my lawyer. 내 변호사가 없으면 아무 이야기도 하지 않겠습니다.
at the sight of	He smiled **at the sight of** me. 그는 내가 있는 것을 보고 웃었다.

ⓑ because를 대신하는 전치사구

because는 원인을 나타내는 부사절을 이끄는 대표적인 접속사입니다. 이를 대신할 수 있는 전치사구는 for fear of, on account of, as a result of, in light of가 있죠. for fear of는 '(두려워하는 이유) 때문에,' on account of는 '(부정적인 이유) 때문에,' as a result of는 '(원인의 결과로의 이유) 때문에,' in light of는 '(심사숙고한 결과의 이유) 때문에'로 구분됩니다.

for fear of	I was studying hard **for fear of** flunking math again. 수학을 또 낙제할까 봐 나는 열심히 공부했었다.
on account of	He quit school **on account of** ill health. 그는 건강이 좋지 않아서 학교를 그만뒀다.
as a result of	The house flooded **as a result of** heavy rain. 비가 많이 내려 집이 침수되었다.
in light of	The game was canceled **in light of** the recent tragic event. 최근 참사로 인해 경기가 취소되었다.

ⓒ so that을 대신하는 전치사구

so that은 목적을 나타내는 부사절을 이끄는 대표적인 접속사입니다. 이를 대신할 수 있는 전치사 구는 for the purpose of, in the hope of, in honor of, in the celebration of, as a means to 등이 있죠. for the purpose of는 '목적을 이루기 위해,' in the hope of는 '바램을 이루기 위해,' in honor of는 '경의를 표하기 위해,' in celebration of는 '축하를 하기 위해,' as a means to는 '성취를 하기 위해'와 같은 구체적인 문맥을 가집니다.

for the purpose of	We are collecting **for the purpose of** building a school. 우리는 학교를 지으려고 돈을 모으고 있다.
in the hope of	I have moved to Seoul **in the hope of** finding a job. 일을 구하려고 서울에 왔다.
in honor of	The statue was erected **in honor of** war heroes. 전쟁 영웅들을 기념하기 위해 동상이 세워졌다.

in the celebration of	The party was held **in the celebration of** his marrying. 그의 결혼을 축하하기 위해 파티가 열렸다.
as a means to	I did it **as a means to** an end. 나는 목적을 달성하기 위해 그것을 했다.

❹ after/before를 대신하는 전치사구

시간의 전후 관계를 나타내는 대표적이 접속사는 before와 after가 있습니다. 둘은 모두 전치사의 품사도 가지고 있죠. after를 대신할 수 있는 전치사구로는 in the wake of, on the heels of, in the aftermath of가 있습니다. in the wake of는 '원인이 된 일이 있은 후,' on the heels of는 '어떤 일이 일어난 바로 직후,' in the aftermath of는 '(사고와 전쟁 같은) 좋지 못한 일이 있은 후'라는 특정한 문맥을 가집니다.

in the wake of	The security got tighter **in the wake of** the car theft. 자동차 절도 사건이 있은 후 보안이 강화되었다.
on the heels of	The shares rose a lot **on the heels of** last week's success. 지난 주의 성공에 이어 주가가 바로 엄청 올랐다.
in the aftermath of	Hundreds lost their houses **in the aftermath of** the typhoon. 태풍이 강타해 수백 명이 집을 잃었다.

before를 대신할 수 있는 전치사구로는 on the brink of, on the verge of, on the threshold of 등이 있습니다. on the brink of는 '중요하거나 나쁜 일이 일어나기 전,' on the verge of는 '무언가 일어나기 바로 직전', at the threshold of는 '중요한 발견이나 새로운 상황이 펼쳐지기 전'이라는 의미를 가지죠.

on the brink of	This company is teetering **on the brink of** bankruptcy. 이 회사는 파산하기 직전 휘청거리고 있다.
on the verge of	We were **on the verge of** declaring independence. 우리는 독립을 선언하기 직전이었다.
on the threshold of	They were standing **on the threshold of** a new era. 그들은 새로운 시대의 문턱에 서 있었다.

CHAPTER 3

네이티브 영어를 만드는
단어의 차이

단어는 개념을 만드는 기본 단위입니다. 단어가 모여 문장을 만들고, 문장이 단락을 만들죠. 그렇기 때문에 한국인의 영어와 원어민 영어간 다름의 원인을 찾기 위해서는 이 단어들의 속성을 공부할 필요가 있습니다. 결론부터 말씀드리면 이 두 언어는 단어의 속성이 매우 다릅니다.

1 품사의 차이

우선, 한국어 단어는 품사 하나를 가집니다. 하지만 영어의 단어는 품사가 하나인 경우를 거의 찾아볼 수가 없죠. 대부분이 두 개 이상의 품사를 가지고 있어요. 한국어처럼 품사가 하나일 것이라고 생각하고 대표 품사만을 활용한다면 문장 구성에 한계가 있을 수밖에 없습니다.

한국인들은 light를 명사로 알고 있습니다. **A firefly is an insect whose tail produces light.** (반딧불이는 꼬리에서 빛을 내는 곤충이다.)와 같이 '빛'을 의미하거나, **He reached up to switch the light off.** (그는 전등 스위치를 끄기 위해 위로 손을 뻗었다.)와 같이 '등'을 뜻한다고 알고 있죠.

하지만 light는 형용사로도 많은 뜻을 가지고 있습니다. 무게가 가볍거나(ex. The umbrella is so light you can hardly feel it is in your bag. 우산이 너무 가벼워 가방 안에 있다는 것이 거의 느껴지지도 않습니다.), 주변이 밝거나(ex. In summer, it is light until midnight. 여름에는 자정까지 밝다.), 명

도가 높거나(ex. Light blue is reminiscent of the ocean. 옅은 파란색은 바다를 생각나게 한다.), 주제가 가볍거나(ex. I want something light to read for my holidays. 나는 휴가 때 읽을 가벼운 주제의 책을 원합니다.), 정도가 낮을 때 (ex. She drives only when the traffic is light. 그녀는 교통량이 적을 때만 운전을 한다.) 모두 활용할 수 있죠.

보다 중요한 것은 light의 동사 활용입니다. '~을 밝히다'란 의미로 '햇불로 동굴이 밝아졌다'를 The cave got lit by a torch.라고 할 수 있고, '~에 불을 붙이다'란 의미로 '그녀는 전남편과 대화를 나누며 담배를 4대째 피웠다'를 She lit her fourth cigarette while talking with her ex-husband.라고 할 수 있다는 거죠.

예를 하나 더 들어볼까요? side는 명사 '측면'으로 알려져 있습니다. 하지만 명사의 뜻도 다양하죠. He broke into the house through the side window.(그는 옆 창문을 통해 침입했다.)와 같이 '면'을 뜻하거나, Neither side has accepted the offer(둘 다 제안을 받아들이지 않았다.)와 같이 '편'을 뜻하거나, Who is in charge of the financial side of this project?(이 프로젝트의 자금 관리 부분은 누가 책임지고 있나요?)와 같이 '분야'를 뜻하기도 하죠.

명사 이외에도 형용사로 A side dish is a small amount of food served together with the main course of a meal.(곁들임 요리는 주 요리와 함께 제공되는 소량의 음식이다.)과 같이 부수적인 것을 나타내기도 합니다. 부사로는 관용 표현으로 쓰여 These practices have evolved side by side and affected each other for decades.(이 관습들은 나란히 발전했고 수십 년 동안 서로에게 영향을 미쳤

다.)와 같이 '나란히'를 뜻하거나, The boat was so small that it rolled from side to side. (배가 너무 작아서 좌우로 흔들렸다.)와 같이 '좌우로'의 의미를 만들어 냅니다.

side는 동사로도 활약할 수 있죠. My mother always sides with me. (우리 엄마는 항상 내 편을 드신다.)와 같이 전치사 **with**와 함께 '편을 든다'란 뜻으로 쓰입니다. 이렇듯 단어를 사전에서 찾아볼 때 품사가 몇 개가 있고 어떤 의미인지를 꼼꼼히 확인하는 것이 매우 중요합니다. 특히 한국인들에게 취약한 것이 명사가 동사로 활용되는 경우이죠. 이 내용을 아래에서 더 자세히 살펴보죠.

1. 동사로 쓰이는 '위치'의 명사
: back, front, slant

back은 명사 '뒤'로 알려져 있지만, 형용사와 부사의 품사도 가지고 있습니다. 무엇보다 흥미로운 점은 back이 동사로 He was backing his car nicely into the driveway. (그는 차를 훌륭하게 후진해서 진입로에 집어넣고 있었다.)와 같이 '뒤로 이동시키다'란 뜻이 있다는 것이죠. 이 외에도 뒤에서 받쳐 주는 것처럼 '~을 지원하다' (ex. My students are enthusiastically backing the new rules. 내 학생들은 새로운 규칙을 열렬히 지지하고 있다.)라고 하거나, '재정적으로 지원하다' (ex. This project is going to be backed by the Student Aid Foundation. 이 프로젝트는 장학재단의 재정 지원을 받을 것입니다.)란 의미도 나타냅니다.

front는 명사 '앞'으로 알려져 있지만, the front wheel of the bike (자전거의 앞바퀴)와 같이 형용사로도 활용이 가능합니다. 동사로는 '건물 등이 ~을 정면으로 바라보고 있다'는 뜻으로 The hotel fronts the sea. (이 호텔은 바다를 바라보고 있다.)라고 할 수 있고, '~을 전면에서 이끌다'는 뜻으로 He fronts a rock band. (그는 록밴드를 이끌고 있다.)라고 할 수도 있죠.

slant는 '경사면'을 뜻하는 명사로 자주 등장합니다. 예를 들어, He told me to cut it on the slant. (그는 내게 그것을 비스듬히 자르라고 했다.)와 같이 위치를 나타내죠. 더불어 입장이 비스듬하다고 할 때도 His view has a political slant. (그의 의견은 정치적으로 편향되었다.)라고도 할 수 있습니다. 동사로는 '비스듬히 기울이다'란 뜻으로 쓰여 The sun slanted down on the flower. (햇빛이 비스듬히 들어와 화분을 비췄다.)와 같이 자동사, He slanted his cane to the right. (그는 지팡이를 오른쪽으로 기울였다.)와 같이 타동사도 가능합니다.

2. 동사로 쓰이는 '고정'의 명사
: clip, pin, chain

clip은 한국인들에게 친근한 단어이죠. 일상적으로 많이 쓰는 용품이니까요. 하지만 이것이 동사로 쓰인다는 것은 익숙하지 않습니다. 예를 들어 '종이들을 클립으로 묶어서 서랍 안에 두세요'를 Please, clip the sheets together and put them in the drawer.로 간단히 해결할 수 있습니다. 이 외에도 가지런하게 만들기 위해 가위 등으로 다듬는다는 뜻으로 Who clipped the hedge?(누가 울타리를 다듬었죠?)라고 할 수도 있죠.

pin도 마찬가지예요. 고정하는 방식만 다를 뿐 clip과 똑같습니다. '메모를 게시판에 핀으로 꽂아 놓겠습니다'는 Let me pin the memo onto the noticeboard.라고 하면 됩니다. 핀을 꽂듯이 한자리에 움직이지 못하도록 제압한다는 뜻도 있어, Someone pinned me against wall and took my bag.(누군가 나를 벽에 꼼짝하지 못하게 밀치고 가방을 가져갔다.)라고 하죠.

chain은 '사슬'이죠. 이번에는 사슬로 고정한다는 뜻이겠네요. 예를 들어, He keeps his bike chained to the fence.(그는 자전거를 울타리에 체인으로 묶어 둔다.)라고 할 수 있죠. 무언가 사슬처럼 연결되어 있다는 뜻도 있어, Each episode is going to be chained to form a single story.(하나의 이야기를 만들기 위해 각각의 에피소드는 연결될 겁니다.)라고 하기도 합니다.

3. 동사로 쓰이는 '오감'의 명사
: sense, sight, fast

한국어로 '센스가 없다'란 말이 있습니다. 즉 무언가를 이해하고 감지할 수 있는 능력이 없다는 거죠. 그래서 구체적으로 설명할 수는 없지만 어떤 느낌을 감지할 때 Sensing danger, I ran down to the school.(위험을 감지하고 나는 학교로 달

려갔다.)과 같이 동사로 쓸 수 있어요. 참고로 a sense of smell
(후각), a sense of taste(미각)와 같이 오감을 나타내는 명사의
뜻도 있습니다.

sight는 우선 '시력'을 뜻합니다. He has lost his sight.라
고 하면 시력을 잃었다는 뜻이죠. 보는 행위(ex. The sight of him
lounging around made his mother mad. 그가 빈둥거리는 것만 봐도 그의 어머니는
화가 났다.), 보이는 대상(ex. The snow-covered mountain is a beautiful sight.
눈 덮인 산은 아름다운 풍경이다.), 보이는 거리(ex. Nothing was in sight. 눈앞
에 아무것도 없었다.)도 담당하죠. 동사로 쓰일 때는 찾던 것이 눈
앞에 갑자기 들어왔다는 의미로, After days of travelling we
finally sighted land.(수일간의 이동 끝에 육지가 눈에 들어왔다.)라고 합
니다.

fast는 부사 '빨리'로 알려져 있지만, 명사로는 '금식'을 뜻합
니다. 먹는 것을 그만둔다는 의미이죠. 그래서 동사로도 The
doctor told me to fast one day a week.(의사는 일주일에 한 번 금식
하라고 나에게 말했다.)라고 할 수 있죠.

4. 동사로 쓰이는 '신체'의 명사
  : eye, finger, head

eye는 명사로 '눈'을 뜻합니다. 상징적으로 '특정한 시선'을
뜻하기도 하죠. He looks at everything with the eye of a
detective.(그는 탐정의 눈으로 모든 것을 바라본다.)라고 할 수 있습니

다. 동사로 쓰일 때는 무언가를 관심을 가지고 '유심히 보다' 란 뜻으로, The starving stray cat was eyeing my lunch.(그 배 고픈 길 잃은 고양이는 나의 점심을 뚫어져라 보고 있었다.)라고 할 수 있어 요.

finger는 동사로 '손가락으로 무언가를 만지거나 쓰다듬 다'란 뜻을 가집니다. Did you see Santa sit fingering his beard?(산타가 앉아서 수염을 쓰다듬는 거 봤니?)라고 할 수 있죠. 무심 결에 무언가를 손으로 만지고 있을 때도 She was fingering her neckless while watching the movie.(그녀는 영화를 보면서 목걸 이를 만지작거리고 있었다.)라고 할 수 있습니다.

head는 명사로 '머리'를 뜻하죠. 그래서 '~을 이끌다'란 뜻으로, He is going to head the company's personnel department.(그는 회사 인사부를 이끌 예정입니다.)라고 할 수 있 죠. 머리를 그쪽으로 향해 간다는 의미로, We are heading south.(우리는 남쪽으로 향하고 있습니다.), 행렬이나 목록의 선두에 있다는 뜻으로, My town headed the list of the best place to live.(우리 동네가 가장 살기 좋은 곳으로 1위를 차지했다.)라고 할 수도 있 습니다.

5. 동사로 쓰이는 '장기'의 명사
: gut, belly, stomach

gut는 명사로 '내장'을 뜻합니다. 동사로는 '내장을 꺼내다'

란 뜻이 있죠. The fish was gutted and dried. (물고기의 내장을 꺼내고 말렸다.) 라고 할 수 있죠. 마치 내장을 끄집어낸 것처럼 건물의 내부를 완전히 제거할 때도 His house was completely gutted and remodeled. (그의 집 내부를 완전히 뜯어내고 리모델링했다.) 라고 합니다. 명사로 위험하고 불확실한 일을 용기 내어 한다는 뜻으로 take guts (ex. It must take a lot of guts to confront such a big animal. 저렇게 큰 동물에 맞선다는 것은 틀림없이 많은 용기가 필요할 것이다.) 를 쓰기도 하죠.

belly는 '배'를 뜻합니다. '배'는 영어로 belly, tummy, stomach 등의 단어로 표현할 수 있죠. belly는 beer belly (맥주를 많이 마셔 불룩 나온 배) 처럼 배의 모양을 강조한 단어이고, tummy는 보통 어린 아기의 작은 배를 칭할 때 씁니다. stomach는 소화되는 배라고 생각하시면 되죠. 그래서 belly는 동사로 We can speed up now that the sail is bellied out. (이제 돛이 바람을 받았으니 속도를 낼 수 있다.) 과 같이 '공기나 바람을 넣어 둥글게 만들다' 란 뜻이 있습니다.

stomach는 '소화하는 배' 이기 때문에 '~을 소화시키다' 란 뜻이 있죠. After the surgery he couldn't stomach food. (수술 후 그는 음식을 소화시키지 못했다.) 라고 할 수 있죠. 더 재미있는 것은 보기 어렵고 받아들이기 힘들 것을 소화해 낸다는 뜻도 있어, Can you stomach the idea that Jack might marry Lucy? (잭과 루시가 결혼할 수도 있다는 걸 받아들일 수 있겠어요?) 라고 할 수도 있습니다.

2 의미의 차이

영어 단어와 한국어 단어는 의미상에도 큰 차이가 있습니다. 한국어 단어가 포괄적이라면, 영어 단어는 구체적이죠. 예를 들어, 한국어에서는 '~을 촉진하다'를 어떤 문맥에서나 다 쓸 수 있습니다. 하지만 영어로 표현할 때는 **promote, accelerate, prompt** 중 적절한 단어를 선택해야 합니다.

이들은 구체적인 문맥을 가지고 있어요. promote는 발전과 성장을 촉진하는 경우로, This group plays a prominent role in promoting interest in contemporary performing arts. (이 단체는 현대 공연 예술에 대한 관심을 촉진시키는 데 주도적인 역할을 한다.)와 같이 쓰입니다.

반면 accelerate는 속도나 과정을 촉진하는 경우로, This chemical helps accelerate the growth of plants. (이 화학약품은 식물의 성장을 촉진하는 데 도움이 된다.)라고 하고, prompt는 사태나 상황의 발생을 촉진하는 경우로, Lockdowns being implemented in many places have prompted panic buying and price gouging. (많은 곳에서 봉쇄가 실시됨에 따라 사재기와 터무니없는 가격 폭등이 나타났다.)이라고 합니다.

이런 단어들의 구체성은 영영사전을 보지 않고서는 알아낼 방법이 없습니다. 영영사전의 단어 설명 내용을 이해하고 해당 예문을 암기함으로써 실전 능력을 길러야 하죠. 이런 훈련이 되어 있지 않으면 영어공부는 모래 위에 집을 짓는 것과 같은 꼴이 됩니다. 왜 이 훈련이 중요한지를 아래 예문을 보면서 확인해 보죠.

왜 근대 국가들은 대중 교육을 관리하고 제공하는가? 이 글은 교육 이론이 대중의 폭력 행위가 국가 생존을 위협할 때 활용되는 국가 건립의 도구라고 제안한다.

위 문장에서 어휘를 선택해야 하는 개념으로는 '국가,' '관리,' '대중,' '생존,' '활용,' '제안' 등 수도 없이 많습니다. 하나씩 천천히 살펴보죠. 우선 '국가'는 country, nation, state가 있습니다. country는 국경을 구분해 지리적으로 분리된 국가, nation은 같은 영토에서 역사와 문화를 공유한 국가, state는 법 제도를 통해 관리하는 국가입니다. **대중 교육을 관리하고 제공하는 국가이니 state를 써야겠죠.**

다음으로 '관리하다'는 manage, maintain, supervise, regulate 중 선택해야 합니다. manage는 조직이나 회사를 책임지고 관리하는 것이고, maintain은 유지될 수 있도록 관리하는 것, supervise는 제대로 진행되고 있는지를 관리하는 것, regulate는 법이나 규칙에 따라 관리하는 것입니다. **위 문맥은 국가가 교육을 관리하는 것이니 regulate를 써야 맞습니다.**

'대중'이라고 하면 고민없이 public을 떠올렸을 겁니다. 하지만 위 문맥에서는 mass를 써야 합니다. 왜냐하면 대중 교육이 국가 건립의 도구라는 부정적인 개념이기 때문이죠. public은 특권층에 반하는 민주적 대중을 의미하는 반면, mass는 조직되지 않은 그저 많은 사람을 의미합니다. **예를 들어, public communication은 누구나 발언할 수 있는 민주적 소통이지만, mass communication은 한 사람이 다수를 대상으로 일방적으로 하는 소통을 말하죠.**

'생존'은 survival 이외에 언뜻 생각나는 단어가 없을 수 있습니다. 이 자리에 viability와 sustainability도 들어갈 수 있어요. survival은 생존한 상태를, viability는 생존할 수 있는 능력을, sustainability는 계속 생존할 수 있는 능력을 뜻하죠. **국가의 생존을 위협한다고 하는 위 문맥을 감안할 때, 생존할 수 있는 능력을 위협한다, 즉, viability가 가장 적절한 단어라고 볼 수 있겠네요.**

'활용하다'는 use, utilize, employ, deploy 중 선택할 수 있습니다. use는 사용해서 기능적인 실리를 얻는 활용, utilize는 가치를 최대화하는 활용, employe는 적절한 도구를 고용하여 하는 활용, deploy는 적재적소에 배치하여 하는 활용으로 볼 수 있죠. **위 문맥에서는 deploy가 좋습니다. 국가의 생존이 위협받을 때 대중 교육이 특정 역할을 할 수 있도록 배치해서 활용한다는 의도로 해석할 수 있겠죠.**

마지막으로 '제안하다'는 suggest, propose, recommend가 가능합니다. suggest는 상대방이 생각해 줬으면 하는 의견이나 계획을 제안하는 것입니다. 하지만 propose는 suggest에 비교해 더 강한 확신을 가지고 독려하는 제안이라고 볼 수 있죠. recommend는 경험과 지식을 바탕으로 제안하는 것이니, 이 또한 강력한 제안이라고 볼 수 있습니다. **자신의 주장에 확신을 피력하고자 하는 제안일 경우는 propose가 적절하다고 볼 수 있죠. 이렇게 해서 아래와 같이 문장이 완성됩니다.**

Why do modern states regulate and provide mass education? This article proposes a theory of education as a state-building tool that is deployed when mass violence threatens the state's viability. [41]

한국인들이 가장 힘들어하는 부분 중 하나가 문맥에 맞는 적절한 어휘 선택입니다. 위의 단 두문장을 완성하기 위해 우리는 오랜 과정을 통해 단어를 엄선하고 결과물을 만들었습니다. 이런 작업이 반복되야만 원어민의 문장 수준에 닿을 수 있습니다. 영영사전을 통한 단어 검색을 습관화해야 하는 이유라고 할 수 있죠.

3 동사의 역할

한국어와 영어의 동사의 역할 차이에 주목해야 합니다. 한국어의 동사는 의미를 지배하는 반면, 영어의 동사는 구조를 지배하죠. 한국어 문장의 동사를 영어 문장에서는 형용사, 부사, 명사 등의 다른 품사로 표현해야 한다고 강조한 것도 한국 문장에서 동사의 이런 의미상의 지배력 때문입니다.

그렇다면 영어의 동사가 문장의 구조를 결정한다는 것은 무슨 말일까요? **한국어의 동사는 문장 구조에 대해서는 전혀 관여하지 않습니다. 하지만 영어에서 동사는 문장의 기본 틀을 만드는 기능을 합니다. 그래서 동사를 사전에서 찾을 때 해당 동사가 몇 가지 의미를 가지고 있고 그 의미로 몇 가지 형식을 만드는지를 꼼꼼히 살펴봐야 합니다.**

예를 들어, '버튼을 누르세요'라고 할 때 Please, press the button.이라고 하듯이 press는 '누르다'로 알고 사용하고 있습니다. 하지만 이 단어는 '누르다'란 뜻 이외에도 '펴다', '넣다', '설득하다' 등의 뜻이 있죠. 각 뜻마다 만드는 형식의 종류도 다릅니다.

우선 '누르다'라고 할 때 Can you press a little harder on the pedal?(페달을 조금만 더 세게 밟을 수 있을까요?)과 같이 1형식이 가능하죠. If you press a button, you can get what you want.(버튼을 누르면 당신이 원하는 것을 가질 수 있습니다.)와 같이 3형식도 만듭니다. Unless you press the lid firmly shut, it will begin to rot.

(뚜껑을 세게 닫지 않으면 이것이 썩기 시작할 겁니다.)와 같이 목적격 보어를 취하는 5형식도 가능하죠.

'펴다'의 press는 어떤 것을 압착해서 편다는 뜻(ex. Why don't we press these flowers before they wither? 시들기 전에 이 꽃들을 눌러 말리는 게 어때요?), 다려서 편다는 뜻(ex. I forgot to press these shirts. 나는 이 셔츠들을 다리는 것을 깜빡했다.)으로 모두 3형식을 만듭니다. '넣다'는 My children love to press their fingers into cakes. (우리 아이들은 케이크에 손가락을 넣는 것을 좋아한다.)와 같이 3형식을 만들며 힘을 줘서 집어넣는 뉘앙스를 가집니다.

'설득하다'의 press는 3형식과 5형식을 만듭니다. 이때 설득은 press의 누른다는 기본 뜻 때문에 보통 '압력을 가해서 하게 한다'는 뜻이 강하죠. 예를 들어, No one can press him for an answer. (그 누구도 그에게 답을 하도록 압력을 가할 수 없다.)라고 하든지, The committee is pressing him to make a quick decision. (위원회는 그에게 빠른 결정을 하라고 촉구하고 있다.)과 같이 부정사를 목적격 보어 자리에 넣어 구체적으로 하게 하고자 하는 행동을 명시할 수 있습니다. press가 만들어 내는 의미와 그 의미가 만들어 내는 형식을 정리하면 아래 표와 같습니다.

누름		1형식	Can you **press** a little harder on the pedal? 페달을 조금만 더 세게 밟을 수 있을까요?
		3형식	If you **press** a button, you can get what you want. 버튼을 누르면 당신이 원하는 것을 가질 수 있습니다.
		5형식	Unless you **press** the lid firmly shut, it will begin to rot. 뚜껑을 눌러 세게 닫지 않으면 이것이 썩기 시작할 겁니다.
펴기	압착	3형식	Why don't we **press** these flowers before they wither? 시들기 전에 이 꽃들을 눌러 말리죠.
	다림	3형식	I forgot to **press** these shirts. 나는 이 셔츠들을 다리는 것을 깜빡했다.
넣기		3형식	My children love to **press** their fingers into cakes. 우리 아이들은 케이크에 손가락을 넣는 것을 좋아한다.
설득		3형식	No one can **press** him for an answer. 그 누구도 그에게 답을 하도록 압력을 가할 수 없다.
		5형식	The committee is **pressing** him to make a quick decision. 위원회는 그에게 빠른 결정을 하라고 촉구하고 있다.

이번에는 '충돌하다'란 뜻으로 알려진 crash를 살펴볼까요? 이 단어는 혼돈과 소음을 동반한 상황에 자주 등장합니다. '충돌하다' 이외에도 '굉음을 내다', '폭락하다', '고장 나다', '기거하다'란 뜻까지 가지고 있어요.

'충돌하다'는 The plane lost control and crashed into a mountainside. (비행기 통제력을 잃고 산에 부딪혔다.)와 같은 1형식과 The driver crashed his car into the back of a trailer. (운전자는 자신의 차로 트레일러의 후방을 들이받았다.)와 같은 3형식이 가능하죠.

'굉음을 내다'는 Thunder crashed last night. (어젯밤 천둥이 쳤

다.)와 같은 1형식, The door had suddenly crashed open. (문이 갑자기 확 열렸다.)과 같은 2형식, A guy crashed the cymbals, waking him up. (한 남자가 심벌즈를 쳐서 그가 깨어났다.)과 같은 3형식을 만듭니다.

'폭락하다'의 crash는 1형식(ex. The middle-income groups were worst hit when the stock market crashed last year. 주식이 폭락했던 지난 해 중간 소득계층이 가장 큰 타격을 입었다.), '고장 나다'의 crash도 1형식(ex. We lost all the files when the central computer crashed again. 중앙 컴퓨터가 다시 멈춰 모든 파일을 다 잃었다.)을 만듭니다.

'기거하다'란 뜻의 crash는 평온한 잠이 아니라, 기진맥진해 몸을 던지듯이 계획없이 임시 기거한다는 뜻으로, You can crash on my couch for a few weeks. (제 소파에서 몇주간 지내셔도 돼요.)와 같이 말할 수 있죠.

crash의 활용을 정리하면 아래의 표와 같습니다.

굉음	1형식	Thunder **crashed** last night. 어젯밤 천둥이 쳤다.
	2형식	The door had suddenly **crashed** open. 문이 갑자기 확 열렸다.
	3형식	A guy **crashed** the cymbals, waking him up. 한 남자가 심벌즈를 쳐서 그가 깨어났다.
충돌	1형식	The plane lost control and **crashed** into a mountainside. 비행기 통제력을 잃고 산에 부딪혔다.
	3형식	The driver **crashed** his car into the back of a trailer. 운전자는 자신의 차로 트레일러의 후방을 들이받았다.

폭락	1형식	The middle-income groups were worst hit when the stock market crashed last year. 주식이 폭락했던 지난 해 중간 소득계층이 가장 큰 타격을 입었다.
고장	1형식	We lost all the files when the central computer crashed again. 중앙 컴퓨터가 다시 멈춰 모든 파일을 다 잃었다.
기거	1형식	You can crash on my couch for a few weeks. 제 소파에서 몇주간 지내셔도 돼요.

이렇듯 동사는 문장의 구조를 결정하는 핵심적인 역할을 합니다. 이 외에도 시제를 표현할 수 있고, 문장의 형태를 결정할 수도 있죠. 다음 장에서 이런 동사의 주요 기능을 더 구체적으로 살펴볼까 합니다.

CHAPTER 4

네이티브 영어를 만드는
동사의 이해

1 형식을 결정하는 동사

우리는 앞에서 동사들이 다양한 의미를 가지며, 그 의미별로 여러 개의 형식을 만들어 낸다는 사실을 배웠습니다. 그렇다면 구체적으로 어떤 과정을 통해서 동사가 형식을 결정하는 것일까요? 해답은 동사의 뜻에 있습니다. **엄밀히 말해, 동사의 뜻 자체에 '~을 먹다'처럼 빈 공간이 있느냐 없느냐, 그리고 있다면 몇 개가 있느냐가 형식을 결정한다는 말이죠.** 예를 통해 더 자세히 살펴보죠.

'그는 달리다'는 He runs. 입니다. 이때 run의 뜻은 '달리다' 이지요. '그는 이 공장을 운영한다'는 He runs this factory. 라고 합니다. 이때 run은 '~을 운영하다'는 뜻을 가지죠. 전자는 뜻 자체에 빈 공간이 없어 '주어 + 술어'의 1형식 구조를 가지지만, 후자는 '~을 운영하다'는 뜻 자체에 빈 공간이 있어 그 공간에 무언가를 넣어 줘야지 문장이 완성됩니다. 그 자리를 '목적어'라고 부르죠. 이 목적어 자리에 this factory가 들어가, '주어 + 술어 + 목적어'의 3형식 구조가 만들어집니다.

위에서 배운 press의 예문을 가져와 다시 살펴보면, Can you press a little harder on the pedal? 의 press는 '누르다'란 뜻으로, a little harder와 on the pedal은 부사로 press를 꾸며 주는 1형식 구조를 가집니다. 하지만, If you press a button, you can get what you want. 는 '~을 누르다'란 3형식의 press

를 사용해서 목적어 자리를 만들고 거기에 명사 a button을 넣은 것이죠. 대다수의 동사들은 이렇게 같은 뜻으로 1형식과 3형식을 모두 만들 수 있습니다.

다음으로 2형식을 살펴보죠. 흔히 is, am, are로 표시되는 be 동사는 대략 '있다'와 '~이다'의 두 가지 뜻을 가집니다. 전자는 He is there.(그는 거기에 있다.)와 같이 부사 there가 '있다'란 뜻의 1형식 동사 is를 꾸며 줄 수 있죠. 하지만 문제는 '~이다'입니다. 동사의 기본 기능은 주어의 상태 혹은 동작을 설명해 주는 것이지만, '~이다'는 주어를 완전히 설명할 수 없죠. 그래서 이런 동사는 불완전하다고 합니다. 이를 보완하기 위해 주어의 설명을 도와주는 무언가 필요한데, 그것을 놓는 자리를 '주격 보어'라고 하죠.

예를 들어, She is smart.에서 is는 주어를 완전히 설명하지 못합니다. 그래서 주격 보어 자리를 만들어 형용사 smart가 그 자리에 들어가 주어의 설명을 돕고 있죠. 결과적으로 '주어 + 술어 + 주격 보어'의 구조가 만들어지는데, 이것을 문장의 2형식이라고 합니다.

앞에서 배운 crash의 예문을 가져와 설명해 볼까요? The door had suddenly crashed open.에서 주격 보어 자리에 있는 open이 주어인 door의 상태를 설명하고 있죠. crash는 여기서 '세게 쳐서 소리를 내다'란 뜻으로, 주어를 완전히 설명하지는 못합니다. 보어의 도움이 필요한 거죠. 그렇다면, The wheelchair folds flat for easy storage.(휠체어는 보관이 쉽도록 평평하게 접힙니다.)는 어떤가요? 이때 flat은 주어인 wheelchair 를 설명하기보다는 동사인 folds를 수식하고 있습니다. 즉, 부사 '평평하게'가 동사 '접다'를 꾸며 주고 있기 때문에 1형식 문장입니다. 참고로 flat은 형용사와 부사의 형태가 같습니다.

4형식은 빈 공간이 두 개가 있습니다. 예를 들어, He gives me love.(그는 나에게 사랑을 준다.)고 할 때, 이때 give의 뜻은 '~에게 ~을 주다'로 공간이 두 개가 있죠. 그래서 '~에게'를 간접 목적어, '~을'을 직접 목적어 자리라고 합니다. 목적어가 두 개로 나뉘게 되죠. 해당 내용인 me와 love를 그 자리에 놓기만 하면 됩니다.

그렇다면 He gives love to me.와는 어떤 차이가 있을까요? 이때 give는 '~을 주다'란 뜻을 가진 3형식 동사로 쓰였습니다. 한국말로 해석은 같지만 전달하는 내용에는 차이가 있죠. 즉, '나에게'라는 정보가 간접 목적어라는 핵심어 자리가 아닌 to me라는 전치사구로 수식어 자리에 들어가면서 정보의 중요성이 현격히 떨어지게 됩니다. 의도에 따라 어떤 형식의 동사를 쓸지 결정해야 합니다.

5형식을 만드는 동사들도 빈 공간이 두 개 있습니다. 하지만 4형식 동사들과는 성격상 차이가 있어요. 예를 들어 Crying keeps your eyes healthy.(우는 것은 당신 눈을 건강하게 해 줍니다.)라고 할 때 여기서 keep은 '~을 ~하게 유지시켜 주다'란 뜻을 가집니다. 즉 뒤 빈 공간의 내용(healthy)이 앞 빈 공간의 대상(your

eyes)을 설명해 주는 구조를 가지죠. 그래서 your eyes가 들어
간 자리는 목적어, healthy가 들어간 자리는 목적어를 설명
해 주기 때문에 목적격 보어라고 합니다. 결과적으로 '주어
+ 술어 + 목적어 + 목적격' 보어라는 5형식 구조를 만듭니다.

앞에서 배운 press의 예문을 통해 복습해 볼까요? Unless you
press the lid firmly shut, it will begin to rot.에서 unless 부
사절의 목적어 자리에 the lid가, 목적격 보어 자리에 과거
분사 shut이 들어가서 목적어를 설명해 주고 있죠. firmly는
shut을 꾸며 주는 부사입니다. 과거분사는 형용사의 기능을
하기 때문에 목적격 보어 자리에 얼마든지 들어올 수 있죠.
하지만 여기에는 부정사도 들어갈 수 있습니다.

press의 5형식 다른 예문으로 The committee is pressing him
to make a quick decision.을 앞에서 공부했습니다. 이때는
목적격 보어 자리에 to make a quick decision이라는 부정사
구가 들어왔죠. 구와 절 파트에서 이미 설명했듯이 부정사
는 명사구를 만들 수 있기 때문에, 명사로서 목적격 보어 자
리에 들어간 것이죠. '~을 ~하게 압력을 가하다'로 해석되는
데, 여기서도 앞으로 어떤 행위를 하도록 압력을 가한 것이
니 부정사의 미래, 일시, 행위성의 뉘앙스가 그대로 살아 있
게 됩니다.

동사는 이런 방식으로 문장의 형식을 결정합니다. 그러므로
동사의 뜻에 대한 세심한 관찰과 분석이 필요합니다. 동사는
이것 외에도 문장의 시제를 결정하는 기능도 하는데요, 다음

에서 이 부분도 살펴보죠.

2 시제를 결정하는 동사

동사의 형태 변화를 통해 과거, 현재, 미래의 시제를 표현할 수 있죠. 진행형인지 일반형인지 완료형인지도 나타낼 수 있습니다. 한국어의 동사도 시제를 표현하는 기능을 하지만, 영어만큼 폭넓게 활용되지는 않습니다. **그 이유는 영어의 시제 구분이 한국어보다 구체적이고 이것이 동사의 형태 변화로 표현되기 때문이죠. 특히 한국인에게 취약한 부분이 완료형과 진행형입니다. 한국인들은 현재완료형을 써야 할 자리에 과거형을 쓰기 일쑤이죠. 진행형을 써야 할 자리에 단순형이나 미래형을 쓰는 경우도 많습니다.** 이 세션에서 이 두 영역을 보다 깊이 살펴보겠습니다.

1. 완료형에 대한 이해

한 학생이 질문을 한 적이 있습니다. 유명한 책을 쓴 해외의 한 학자가 초빙이 되어 강연을 하는데 '내가 그 책을 썼다'를 I wrote the book.이라고 하지 않고, I have written the book.이라고 하는데 그 이유가 궁금하다는 것이었죠. 한국말대로라면 과거형이 맞으니까요. 결론부터 말씀드리면 현재완료형을 쓰는 것이 맞습니다. 왜냐하면 이 학자는 이 책을 썼기 때문에 강연에 온 것이니까요. 즉 과거의 사실이 현재와 연결이 되어 있습니다.

학교에서 우리는 현재완료형은 계속, 경험, 완료, 결과로 구분하여 배우지만, 이들은 기본적으로 서로 다른 방식으로 현재와 연결되어 있습니다. I have seen the movie before. (나는 이 영화를 본 적이 있다.) 는 현재까지의 경험으로, We have lived here since 1990. (우리는 1990년부터 여기서 살았다.)는 현재까지 계속되어 온 상황으로 연결되어 있는 것이죠.

소위 말하는 경험과 계속적 용법은 한국인들에게 그렇게 어렵지 않습니다. 하지만 완료와 결과를 내포하고 있는 현재완료형을 놓치는 경우가 빈번하죠. 위의 석학의 강연 내용이 대표적인 예라고 볼 수 있습니다. 과거의 사실이 현재에 영향을 미치고 있으면 현재완료형을 쓴다고 기억하시면 됩니다. 이 네 개의 성격을 굳이 구분할 필요도 없습니다. 왜냐하면 복합적으로 기능하는 경우도 많으니까요. 미래완료형과 과거완료형도 이와 동일합니다. 차이는 기준 시점이 현재가 아니라 미래와 과거라는 것이죠. 아래 문장을 영어로 바꿔 보면서 차이를 살펴보죠.

이 프로그램이 시장에 출시될 즈음이 되면, 기술자들이 남아 있는 하자들을 바로잡을 것이다.

이 프로그램이 시장에 출시되는 미래의 시점이 언급되어 있습니다. 즉 기준이 되는 시점이 미래이지요. 그래서 will + have + p.p.의 미래완료형이 필요합니다. 해당 시점에 하자

보수가 완료가 된다는 의미를 전달해야 하니까요. 문장을 완성해 보면 아래와 같습니다.

By the time the program goes on the market, engineers will have corrected its remaining flaws.

이번에는 원어민의 문장을 가져와서 한국인 문장과의 차이를 살펴볼까요?

화산 폭발로 파괴된 땅에 생명이 다시 찾아올 수 있을까요? 몇 달이 지났고, 세인트 헬렌스 산(Mount St. Helens)은 이제 온화한 여름 날씨를 반갑게 맞이하고 있었어요. 화산 재는 땅을 비옥하게 만들었죠.

첫 문장에 현재완료형이 필요하다는 것이 보이시나요? 화산 폭발로 파괴된 땅은 현재와 관련이 되어 있습니다. 단순히 과거의 사실을 단편적으로 전달하는 것이 아니라, 현재의 생명이 다시 찾아올지 말지에 직간접적으로 관여되어 있어요. 그리고 화산 폭발 이후 얼마간 지속되었다는 계속의 뉘앙스도 현재완료형을 통해 복합적으로 나타낼 수 있죠.

두 번째 문장의 기준은 과거입니다. 엄밀히 말해 '반갑게 맞이하고 있었다'라고 하는 과거 진행형이죠. 이 기준 시점 이전에 몇 달이 지난 것이니 had + p.p.의 과거완료형이 필요합니다. 즉, A few months had passed, and Mount St. Helens was now welcoming the warm summer weather.라고 할 수 있겠네요.

마지막 문장도 마찬가지예요. 화산이 폭발했던 이전 시점과 따뜻한 여름 날씨를 맞이하는 기준이 되는 과거의 시점이 연결되어 있죠. 이 경우도 과거완료형을 써야 합니다. 문장을 완성해 보면 아래와 같습니다.

Can life return to land that has been destroyed by a volcanic eruption? A few months had passed, and Mount St. Helens was now welcoming the warm summer weather. Volcanic ash had made the soil rich. [42]

위 문장에서는 완료형 외에도 진행형이 쓰이고 있습니다. 다음 세션에서는 이 진행형이 단순히 행동의 진행만이 아니라 상태 유지, 개인 활동, 사회적 트렌드, 미래의 의미도 나타낼 수 있음을 함께 공부해 보도록 하죠.

2. 진행형에 대한 이해

진행형은 I am playing a game. (나는 게임을 하고 있다.)과 같이 어떤 행동이 진행 중일 때 사용하는 것으로 알려져 있습니다. 하지만 She is wearing a ring. (그녀는 반지를 끼고 있다.)과 같이 상태의 유지도 진행형을 쓸 수 있죠. **하지만 무엇보다 중요한 것은 일정 기간 동안 진행되는 활동도 진행형을 써야 한다는 사실입니다.** 예를 들어 '나는 이번 학기에 음악 수업을 듣고 있다'를 I am taking a music course this semester.라고 하죠. 이는 '학기 동안'이라는 특정 기간에 지속되고 있는 활동이므로 진행형이 필요합니다.

이런 개인적인 수준뿐만 아니라 사회적인 수준에서 특정한 활동이 일정 기간 지속되는 사회적인 트렌드도 Nowadays, people are working from home, in coffee shop, or any place other than office.(요즘 사람들은 집, 커피숍 등 일터가 아닌 곳에서 일을 한다.)와 같이 진행형을 써야 합니다.

이것 말고도 진행형이 아주 요긴하게 쓰이는 곳이 하나 더 있죠. 아래 문장을 영어로 바꿔 보면서 찾아볼까요?

이번 주 일요일에 남동생이 결혼을 해서 할아버지 할머니가 오십니다. 결혼식이 끝나고 나면 수원에 있는 사촌 집을 방문하실 거예요.

이번 주 일요일은 미래입니다. 미래 시제를 만들 수 있는 조동사 will이나 be going to를 써야 할까요? 보통 미래를 나타낼 때 will과 be going to는 미래의 사실이나 미래에 대한 예측을 나타낸다는 공통점이 있어요. 그래서, '그는 내년에 60살이다'를 He will be sixty next year.라고 할 수도 있고, He is going to be sixty next year.라고 할 수도 있습니다.

하지만 이 둘은 차이점도 있습니다. be going to는 말하는 시점 이전에 정해진 확실한 미래를 뜻하고, will은 말하는 순간 즉석에서 생각해 낸 미래나 결심을 뜻하죠. 그래서 '나는 컴퓨터에 관심이 있어서 기술자가 될 거야'는 이미 관심이 있어서 말하는 시점 이전부터 정해 놓은 것이기 때문에 I am interested in computer, so I am going to become an engineer.와 같이 be going to를 써야 하죠. 하지만 will은 누군가 도움이 필요하다고 요청할 때, '그래 내가 도와줄게'라고 즉석에서 결심한 미래라면 I will help you.라고 해야 하죠.

여기서 더 나아가 be -ing 진행형도 미래를 나타냅니다. be going to와 같이 미리 정해진 미래이지만 일정에 국한되죠. 그래서 시간을 나타내는 부사가 올 경우에는 진행형을 쓰는 것이 정확한 선택입니다. 그렇다면 위의 문장에는 어떤 미래 시제가 적절할지 감이 오나요? 문장을 완성해 보면 아래와 같습니다.

My grandparents are coming because my brother is having a wedding on Sunday. After the wedding, they are going to visit my cousins in Ulsan.

한국어에서 미래는 '~일 것이다'로 다양한 문맥에서 포괄적으로 쓰입니다. 영어는 그 미래가 어떤 성격인가에 따라 위에서 설명한 세 가지 형태 중 하나를 선택해야 하죠. **위 예문의 첫 번째 문장에는 on Sunday라는 시간을 나타내는 부사구가 있고 일정을 나타내는 정해진 가까운 미래이기 때문에 진행형으로 미래를 표현하는 것이 맞습니다. 하지만 두 번째 문장은 일정보다는 울산에 있는 사촌을 방문한다는 구체적인 계획에 가깝기 때문에 be going to를 사용했다고 볼 수 있죠.**

한국인에게 취약한 완료형과 진행형에 대해 살펴보았습니다. 이제는 동사가 만들어 내는 문장의 태 즉, 수동태와 능동태에 관련하여 공부해 보도록 하겠습니다.

3. 태(voice)를 결정하는 동사

우리는 영어공부 초기에 능동태와 수동태를 배웁니다. 이 때 가장 많이 드는 예문이 You love me.는 능동태고 I am loved by you.은 수동태라는 거죠. 목적어를 주어 자리로 옮기고 동사 love는 be loved로 형태를 바꾸고 주어는 전치사 by와 함께 by you로 표현된다는 식이었죠. 하지만 여기서 한가지 의문이 생깁니다. 수동태로 바꿀 수 있는 문장은 You love me.와 같이 3형식만 가능한가요?

앞에서 동사가 만들어 내는 다섯 가지의 형식을 배웠습니다. **그런데 수동태를 가르칠 때는 3형식 문형만을 가져와 예로 듭니다. 나머지 4개 형식의 수동태는 그럼 어떻게 되는 걸까요? 결론부터 말씀드리면, 2형식을 제외한 다른 형식들도 그들만의 방식으로 수동태를 만들 수 있습니다.** 하지만 각각 유의할 사항들이 있죠.

1형식의 경우는 전치사에 유의해야 합니다. 예를 들어, '그들은 나를 보고 웃었다'라고 할 때 They laughed at me.라고 하죠. 여기서 laugh은 1형식 동사로 수식어를 덧붙일 때 전치사 at을 사용해 '나에게'를 at me라는 전치사구로 표현합니다. 수동태로 바뀔 때도 I was laughed at by them.과 같이 at은 살아 있어야 하죠.

4형식의 경우는 두 종류의 목적어의 구조에 유의해야 합니다. 예를 들어, '그녀는 나에게 보상을 약속했다'를 영어로는 She promised me a reward.와 같이 4형식으로 표현합니다. 이때 직접 목적어 a reward를 주어로 하는 수동태를 만들 경우 She promised a reward to me.와 같은 3형식으로 바꾼 후, A reward was promised to me by her.로 수동태를 만들 수 있죠. 간접 목적어를 주어로 하는 경우는 I was promised a reward by her.와 같이 직접 목적어를 전치사 없이 그대로 두면 됩니다.

5형식은 목적격 보어를 어떻게 처리할지에 대해 유의해야 합니다. 예를 들어, They consider this project successful. (그들은 이 프로젝트가 성공적이라고 생각한다.)을 수동태로 바꿀 때는 This project is considered successful by them.과 같이 목적격 보어가 그 자리에 그대로 남아 있으면 됩니다.

목적격 보어 자리에는 to 부정사와 원형 부정사도 올 수 있죠. 그럼 이 경우는 어떻게 할까요? to 부정사도 그대로 두면 됩니다. 예를 들어, Jack doesn't allow his dogs to run around. (잭은 그의 개들이 뛰어다니는 것을 허락하지 않는다.)를 His dogs are not allowed to run around by Jack.과 같이 바꾸는 거죠. 하지만 원형 부정사가 올 경우는 to 부정사로 모양이 바뀝니다. We can't make him believe the story. (우리는 그가 이야기를 믿게 만들 수 없다.)를 수동태로 바꾸면 He can't be made to believe the story by us.와 같이 됩니다.

형식에 따른 이런 수동태의 형태 변화의 차이를 주의해서 공부해야 합니다. 왜냐하면 동사뿐 아니라, 동사가 분사, 동명사, 부정사 등으로 활용될 때도 이런 성격이 계속 유지되기 때문이죠. 예를 들어, 8장의 세션 2 실전문제 2에서 '새들은 둥지에 있을 때 쳐다보는 것을 특히 싫어한다'를 Birds particularly dislike being stared at when they are on a nest. 라고 한 것을 기억하실 겁니다. 이때는 1형식 동사 stare가 동명사의 형태로 dislike의 목적어 자리에 들어갔죠. Someone stares at birds. 와 같은 능동태가 Birds are stared at by someone. 의 수동태로 바뀌듯이, 이것이 동명사로 바뀔 때도 at은 위와 같이 함께 가야 합니다.

비슷한 예를 들어 볼까요? '나는 직업 제안을 받고 싶다'라고 할 때, I hope to be offered a job. 이라고 할 수 있습니다. 여기서 4형식 동사 offer가 부정사의 형태로 활용되고 있습니다. Someone offers me a job. 과 같이 두 개의 목적어를 가지고, 수동태는 I was offered a job by someone. 과 같이 바뀌죠. 이런 offer가 가진 형식 덕분에 부정사구가 되어도 to be offered a job이라는 문형이 가능한 겁니다.

동사의 형태 변화로 문장의 태를 결정할 수 있습니다. 여기서도 동사가 만들어 내는 형식에 따라 수동태의 모양은 달라집니다. 결론적으로, 동사의 뜻과 형식을 꼼꼼히 공부하는 것이 영어 학습의 기본이라는 점을 다시 한번 확인하게 해 주네요. 이제는 동사가 부사와 전치사구를 결합하여 다양한 의미를 만들어 내는 구동사에 대해서 살펴보도록 하죠.

CHAPTER 5

네이티브 영어를 만드는
구동사의 활용

구동사는 동사가 부사나 전치사구와 결합하여 구체적인 의미를 만들어 냅니다. **원어민들은 구동사를 선호하죠. 굳이 어려운 단어를 쓰지 않고 기본 동사에 부사나 전치사구만 덧붙이면 다양한 의미를 나타낼 수 있으니까요.** 앞서 이미 위치와 상태의 전환은 동사가 아닌 전치사구가 담당한다고 강조했습니다. 이는 구동사의 주요 역할 중 하나이죠. 이 장에서는 동사를 대신해 위치 이동과 상태 전환을 담당하는 대표적인 부사를 만드는 down, up, into, out of를 중심으로 구동사의 원리에 대해 간단히 정리하려고 합니다.

1 구동사의 형태

3장의 세션 1 실전문제 1에서 '그는 주차된 차 옆을 휙 지나 갔다'를 He whipped past parked cars.라고 한 것을 기억할 겁니다. 이때 부사의 역할을 하는 전치사구 past parked cars 가 자동사 whip을 꾸며 주는 구조이죠. 물론, He whipped away.와 같이 부사 단어가 올 수도 있습니다. '당근을 잘라 작은 정육면체로 만드세요'를 Chop the carrot into small cubes.라고 했죠. 이때는 '타동사 + 목적어 + 부사(전치사구)'의 구조를 가집니다. 물론 전치사구 대신 Chop the carrot apart.와 같이 부사 단어가 올 수 있어요. 또는 Chop apart the carrot.과 같이 부사가 동사 뒤에 위치할 수도 있죠.

여기서 더 나아가 '자동사 + 부사(단어) + 부사(전치사구)'도 가능합니다. '우리는 새로운 아이디어를 생각해 냈다'의 We came up with a new idea.가 대표적인 예입니다. '타동사 + 목적어 + 부사(단어) + 부사(전치사구)'도 구동사에 속합니다. 예를 들어, '그녀는 이것이 내 근처에 오지 못하게 했다'를 She kept it away from me.라고 하게 됩니다. 구동사의 형태를 정리하면 아래와 같습니다.

자동사 + 부사(전치사구)	He whipped past parked cars.
자동사 + 부사(단어)	He whipped away.
자동사 + 부사(단어) + 부사(전치사구)	We came up with a new idea.
타동사 + 목적어 + 부사(단어)	Chop the carrot apart.
타동사 + 목적어 + 부사(전치사구)	Chop the carrot into small cubes.
타동사 + 목적어 + 부사(단어) + 부사(전치사구)	She kept it away from me.

2 구동사의 성질

구동사들은 지금까지 관용 표현이나 숙어라는 이름으로 원리를 이해하기보다는 무작정 외워야 하는 표현으로 간주되었습니다. **하지만 동사와 부사간의 협동 작업을 통해 만들어 내는 놀라운 시너지 효과를 감안할 때 활용할 수 있는 동사의 범위는 기하급수적으로 늘어나게 됩니다.**

그 원리의 대략적인 공통점은 동사는 '방식'을, 부사(단어, 전치사구)는 '위치의 이동'이나 '상태의 전환'을 담당한다는 것이죠. 예를 들어, 1장의 세션 2 실전문제 4에서 '오후 햇살이 나무들 사이로 비스듬히 들어왔다'를 영어로 어떻게 표현했는지 기억하시나요? 바로 the late sun slanted through the trees였습니다. 이때 '비스듬히'라는 들어오는 방식은 동사 slant가, '들어왔다'는 좁은 통로를 통해 들어왔기 때문에 전치사 through가 맡았죠.

예를 하나 더 들어볼까요? 'Dana는 Roy의 자리 뒤로 몰래 다가와 그를 급습했다'는 1장의 세션 2 실전문제 3에서 다뤘던 문형입니다. Dana had snuck up behind Roy's seat and ambushed him. 이라고 했죠. 이때도 '몰래'는 동사 sneak가, '다가오다'는 부사 up이 책임지고 있습니다. 이것들은 구동사가 만들어 낼 수 있는 엄청난 가능성의 단편적인 예에 불과합니다. 지금부터는 이런 구동사에 포함되어 부사의 기능을 하는 대표 단어들을 중심으로 유용한 구동사 표현들을 정리하도록 하겠습니다.

3 구동사를 만드는 대표 단어들

구동사에 자주 등장하는 down, up, into, out of가 만들어 내는 구동사의 형태는 다양합니다. 전치사로서 구를 만들기도 하고, 부사 단어로서 독립적으로 활약하기도 하죠. 포함된 동사가 타동사일 수도 있고, 자동사일 수도 있습니다. 이런 요소들의 구성에 따라 6개의 유형을 아래의 기준에 따라 A~F형으로 구분했습니다. 앞의 '1. 구동사의 형태' 파트를 참고해 주시기 바랍니다.

A형	자동사 + 부사(단어)
B형	자동사 + 부사(전치사구)
C형	자동사 + 부사(단어) + 부사(전치사구)
D형	타동사 + 목적어 + 부사(단어)
E형	타동사 + 목적어 + 부사(전치사구)
F형	타동사 + 목적어 + 부사(단어) + 부사(전치사구)

ⓐ Down

down은 '아래로 이동한다'란 기본 뜻을 가집니다. 그래서 down이 포함된 구동사는 굴려서 내리면 roll down, 뛰어서 내리면 jump down, 물로 내리면 wash it down, 못으로 쳐서 내리면 nail it down, 당겨서 내리면 pull it down과 같이 활용되죠. 여기서 동사들은 내리는 방식을, down은 아래로 낮추는 위치 이동과 상태 전환을 담당하고 있습니다.

위치가 아래로 내려가면 무너진다는 의미도 가능하게 됩니다. The building burned down centuries ago. (이 건축물은 수백 년 전 화재로 무너졌다.)와 같이 자동사, They have pulled it down to build a warehouse. (그들은 창고를 짓기 위해 이것을 무너뜨렸다.)와 같이 타동사와 함께 할 수 있죠.

상태 전환에서는 우선 '감소하다'란 뜻을 가집니다. The housing prices are going down this month. (이번 달 집값이 떨어지고 있다.)와 같은 수준의 감소, They have asked us to turn the music down. (그들은 우리에게 음악 소리를 줄여 달라고 요청했다.)과 같은 정도의 감소를 모두 나타낼 수 있어요. 하지만 내려간다고 해서 항상 나쁜 것은 아닙니다. 안정화될 수도 있죠. At last, we settled down in the South. (우리는 결국 남부에서 자리를 잡았다.)와 같이 말이죠.

down은 올라오는 것을 아래로 낮춘다는 맥락에서 '억압'의 뜻도 있습니다. Calm down and listen to me! (진정하고 내 말 좀 들어 봐!)와 같은 자동사, You put me down in front of my son. (너는 내 아들 앞에서 나를 모욕했어.)과 같은 타동사와 함께 하죠. 결국 억누르다가 고정시키게 되고(ex. Have you nailed down the loose board in the floor? 마루에 헐거워진 판자들 못질했어요?), 제압하게 되는(ex. A police officer knocked him down. 경찰이 그를 때려 제압했다.) 겁니다.

이와 같은 맥락에서 The fridge has broken down. (냉장고가 고장 났어요.)과 같은 고장이나, Why have they closed down the road? (왜 길을 폐쇄한 거죠?)와 같은 중지의 의미도 가능하게 되었죠. 여기서 Let's break down the bill. (우리 서로 나눠서 내자.)과 같이 부숴서 나누는 단계까지 확장됩니다.

down이 만들어 낼 수 있는 다양한 문맥을 담은 구동사들의 예문 및 해당 유형은 아래의 표와 같습니다.

위치 이동	내려가다		The stone is rolling **down** the hill. 돌이 언덕 아래로 굴러 내려가고 있다.	B형
			We have poured water **down** the pipe. 우리는 물을 부어 파이프 쪽으로 내려보냈다.	E형
			Don't jump **down**. 뛰어내리지 마세요.	A형
			Rain washes it **down** into rivers. 비로 인해 이것은 강으로 내려간다.	F형
	무너지다		The building burned **down** centuries ago. 이 건축물은 수십년전 화재로 무너졌다.	A형
			They have pulled it **down** to build a warehouse. 그들은 창고를 짓기 위해 이것을 무너뜨렸다.	D형
상태 변화	감소하다	수준	The housing prices is going **down** this month. 이번 달 집값이 떨어지고 있다.	A형
		정도	They have asked us to turn the music **down**. 그들은 우리에게 음악소리를 줄여달라고 요청했다.	D형
			You had better cut it **down** to five pages. 이것을 다섯페이지로 줄이세요.	F형
	억누르다		Calm **down** and listen to me! 진정하고 내 말 좀 들어 봐!	A형
			You put me **down** in front of my son. 너는 내 아들 앞에서 나를 모욕했어.	D형
	가라앉다		At last, we settled **down** in the South. 우리는 결국 남부에서 자리를 잡았다.	A형
	중지하다	고장	The fridge has broken **down**. 냉장고가 고장 났어요.	A형
		폐쇄	Why have they closed **down** the road? 왜 길을 폐쇄한 거죠?	D형
	나누다		Let's break **down** the bill. 우리 서로 나눠서 내자!	D형
	고정하다	고정	Have you nailed **down** the loose board in the floor? 마루에 헐거워진 판자들 못질했어요?	D형
		제압	A police officer knocked him **down**. 경찰이 그를 때려 제압했다.	D형

ⓑ Up

up은 '위로 이동하다'란 기본 뜻을 가집니다. 그래서 걸어 올라가면 walk up, 뛰어서 올라가면 run up, 기어 올라가면 climb up, 점프를 해서 올라가면 jump up, 옮겨서 위로 올리면 carry it up, 들어 올리면 lift it up, 잡고 올리며 hold it up 등 다양한 표현을 만들 수 있죠.

올라가는 것 외에도 '다가오다'라는 위치 이동의 의미도 나타낼 수 있어요. 예를 들어, He walked up to her and demanded an apology. (그는 그녀에서 다가와서 사과를 요구했다.)와 같이 자동사, She pushed her bike up to the rack. (그녀는 자전거를 고정대 가까이 밀었다.)과 같이 타동사와 함께 할 수 있죠.

상태 전환의 의미는 우선 위로 올라가는 것이니 '증가하다'의 뜻이 있습니다. This machine will heat the room up immediately. (이 기계가 바로 방의 온도를 높여 줄 겁니다.)와 같이 정도나 수준을 올리는 경우, He is bulking up his body now. (그는 지금 근육을 키우고 있다.)와 같이 부피를 키우는 경우, He has raked fallen leaves up. (그는 낙엽을 긁어 쌓아 놓았다.)과 같이 모아서 쌓아 올리는 경우도 up이 활약합니다.

'올라가다'는 의미에서 더 발전하여, 없던 것이 생겨났다는 의미(ex. Has something unexpected come up? 예상치 못한 일이 발생했나요?), 개선된다는 의미(ex. The economy shows no sign of picking up. 경제가 좋아질 기미가 보이지 않는다.), 떠받친다는 의미(ex. She was propping up her chin with her hand. 그녀는 손으로 턱을 떠받치고 있었다.), 꼼꼼해 채우다는 의미(ex. Can you pack up your suitcase? 가방을 꼼꼼히 잘 꾸릴 수 있겠습니까?)도 만들 수 있게 되었죠.

'위로 올라간다'는 것이 꼭 긍정적인 의미만 가지는 것은 아닙니다. down은 가라앉아 안정적이지만, up은 위로 떠워져 혼란스럽습니다. 그래서 Don't stir it up—just let it down. (휘젓지 말고 가라앉게 두세요.)이나, He has messed things up. (그가 모든 것을 망쳤어요.)과 같은 표현이 가능해졌죠. 여기서 더 나아가 His house blew up last night. (지난밤 그의 집이 폭발했다.)과 같은 파괴의 의미도 가지게 되었습니다.

다음으로 up은 '나타나기'의 의미가 있습니다. 즉, They put the sign up on the window. (그들은 창문에 표지판을 내걸었다.)와 같이 어떤 메시지를, Have you come up with a new idea? (새로운 아이디어가 생각났나요?)와 같이 어떤 개념이나 생각을, She has not signed up for a new contract. (그녀는 새로운 계약서에 서명하지 않았다.)와 같이 문서상 특정한 의사를 나타낼 때 모두 쓸 수 있어요.

마지막으로 up은 무언가를 '매듭짓는다'는 의미를 전달할 수 있습니다. 예를 들어, 어떤 과정(ex. We ended up in a divorce. 우리는 결국 이혼으로 끝났다.), 어떤 행위(ex. You should eat up the food. 너는 음식은 다 먹어야 한다.)일 수 있죠. 물리적으로 단단히 매듭짓는다는 의미로 He will tie up the jar. (그가 병을 단단히 묶을 겁니다.)라고 할 수도 있습니다.

위에서 설명한 up이 만들어 내는 구동사들을 정리하면 다음 표와 같습니다.

위치 이동	올라가다		Can you walk **up** the hill? 언덕을 걸어서 올라갈 수 있겠어요?	B형
			Dolphins come **up** for breath. 돌고래는 숨을 쉬기 위해 위로 올라온다.	C형
			Who has carried the chair **up** to the second floor? 누가 의자를 2층으로 옮겼죠?	E형
			I hoisted myself **up** onto the roof to get a better view. 나는 경치를 더 잘 보려고 지붕 위로 올라갔다.	F형
			They pulled the ladder **up**. 그들은 사다리를 당겨 세웠다.	D형
	다가오다		He walked **up** to her and demanded an apology. 그는 그녀에서 다가와서 사과를 요구했다.	C형
			She pushed her bike **up** to the rack. 그녀는 자전거를 고정대 가까이 밀었다.	F형
상태 변화	증가하다	정도	The oil price is going **up**. 유가가 오르고 있다.	A형
			This machine will heat the room **up** immediately. 이 기계가 바로 방의 온도를 높여 줄 겁니다.	D형
			A panda eats **up** to 18 kilograms of bamboo per day. 팬더는 하루에 최고 18킬로그램의 대나무를 먹는다.	C형
		부피	He is bulking **up** his body now. 그는 지금 근육을 키우고 있다.	D형
		축적	The changes are small, but they will soon add **up**. 변화들은 미비해도 이것들은 곧 더해져 쌓일 것이다.	A형
			He has raked fallen leaves **up**. 그는 낙엽을 긁어 쌓아 놓았다.	D형
	좋아지다		The economy shows no sign of picking **up**. 경제가 좋아질 기미가 보이지 않는다.	A형
			The fresh air cheered me **up**. 맑은 공기 덕분에 기분이 좋아졌다.	D형

			Has something unexpected come **up**? 예상치 못한 일이 발생했나요?	**A형**
생기다			They set **up** this organization to help refugees. 그들은 난민을 돕기 위해 이 조직을 만들었다.	**D형**
채우다			Can you pack **up** your suitcase? 가방을 꼼꼼히 잘 꾸릴 수 있겠습니까?	**D형**
떠받치다			She was propping **up** her chin with her hand. 그녀는 손으로 턱을 떠받치고 있었다.	**F형**
어지럽히다	사물		Don't stir it **up**—just let it down. 휘젓지 말고 가라앉게 두세요.	**D형**
	상황		He has messed things **up**. 그가 모든 것을 망쳤어요.	**D형**
부수다			She cut the memo **up** into several pieces. 그녀는 메모를 여러 조각으로 잘게 잘랐다.	**F형**
			His house blew **up** last night. 지난밤 그의 집이 폭발했다.	**A형**
나타나다	시각		They put the sign **up** on the window. 그들은 창문에 표지판을 내걸었다.	**D형**
	인식		Have you come **up** with a new idea? 새로운 아이디어가 생각났나요?	**C형**
	문서		She has not signed **up** for a new contract. 그녀는 새로운 계약서에 서명하지 않았다.	**C형**
매듭짓다	과정		We ended **up** in a divorce. 우리는 결국 이혼으로 끝났다.	**C형**
	행위		You should eat **up** the food. 너는 음식은 다 먹어야 한다.	**D형**
	봉합		He will tie **up** the jar. 그가 병을 단단히 묶을 겁니다.	**D형**

ⓒ Into

into는 '들어가다'란 기본 뜻을 가지고 있습니다. 걸어서 들어가면 walk into, 달려 들어가면 run into, 날라 들어가면 fly into, 뚫고 들어가면 tear into, 기어 들어가면, crawl into, 부어서 넣으면 pour it into, 구겨서 넣으면 cram it into와 같이 표현할 수 있겠죠.

into는 단어로 부사 기능을 하지 못합니다. 항상 전치사구를 만들어 부사의 기능을 하죠. 그래서 상대적으로 구조가 단순합니다. He walked into the room and got into bed. (그는 걸어 방에 들어와 침대 안으로 들어갔다.) 나, They flew a bag into the window. (그들은 가방을 던져 창 안으로 넣었다.) 와 같이 전치사구가 항상 등장하죠. 그리고 I do not like driving into the sun. (나는 태양 쪽을 보며 운전하는 것을 좋아하지 않는다.) 과 같이 특정한 방향을 본다는 뜻도 있습니다.

상태 전환에는 특정 상태가 되거나(ex. They turned the barren desert into a rich soil. 그들은 그 불모의 사막을 풍요의 땅으로 바꿨다.), 특정 상황이 될 때(ex. What brought you into a quarrel with him? 무엇 때문에 그와 언쟁을 했나요?) 모두 사용할 수 있죠.

들어가는 방식과 시공간의 차이에 따라 구체적인 문맥을 나타낼 수 있습니다. 예를 들어, 어떤 사실에 대해 들어간다는 차원에서 The detective probed deep into her past. (탐정은 그녀의 과거를 파고들었다.) 와 같이 조사하다, This article delves into modern jazz history. (이 논문은 현대 재즈 역사를 다룬다.) 와 같이 연구하다란 뜻도 가능하죠.

옷이라는 공간에 들어간다는 의미로, He has not changed into pajamas. (그는 아직 잠옷으로 갈아입지 않았어요.)라고 할 수 있고, 충돌에 들어간다는 의미로, His car crashed into a parked lorry. (그의 차는 주차된 화물차를 들이받았다.), 만남의 상황으로 들어 간다는 의미로, I ran into him at the library. (나는 도서관에서 그 와 우연히 마주쳤다.), 강제적인 상황에 들어간다는 의미로 They deceived him into handing over his money. (그들은 그를 속여 그 의 돈을 넘기게 했다.)와 같이 활용할 수 있습니다.

into는 안으로 들어간다는 역동성을 가지고 있습니다. 그 래서 빠른 변화를 나타낼 수 있죠. 예를 들어, They jumped into a fight. (그들은 갑자기 싸우기 시작했다.)라고 하거나, Don't let yourself get into smoking. (담배를 피워서는 안됩니다.)과 같이 갑 작스러운 변화나 시작의 의미도 나타낼 수 있습니다.

지금까지 배운 into가 포함된 구동사의 의미와 형태 및 예문 을 다음 표와 같이 정리했습니다.

위치 이동	들어가다		He walked **into** the room and got into bed. 그는 걸어 방에 들어와 침대 안으로 들어갔다.	**B형**
			They flew a bag **into** the window. 그들은 가방을 던져 창 안으로 넣었다.	**E형**
	바라보다		I do not like driving **into** the sun. 나는 태양 쪽을 보며 운전하는 것을 좋아하지 않는다.	**B형**
상태 변환	되다	상태	The new law comes **into** effect as of March 1st. 새로운 법은 3월 1일자로 효력이 발생한다.	**B형**
			They turned the barren desert **into** rich soil. 그들은 그 불모의 사막을 풍요의 땅으로 바꿨다.	**E형**
		상황	His car burst **into** flames. 그의 차는 불길에 휩싸였다.	**B형**
			What brought you **into** a quarrel with him? 무엇 때문에 그와 언쟁을 했나요?	**E형**
	나누다		Why don't we cut it **into** three pieces? 이것을 잘라 세 조각으로 나누는 것이 어떨까요?	**E형**
	시작하다		They jumped **into** a fight. 그들은 갑자기 싸우기 시작했다.	**B형**
			Don't let yourself get **into** smoking. 담배를 피워서는 안됩니다.	**E형**
	입다		He has not changed **into** pajamas. 그는 아직 잠옷으로 갈아입지 않았어요.	**B형**
	하게 하다		They deceived him **into** handing over his money. 그들은 그를 속여 그의 돈을 넘기게 했다.	**E형**
	살펴보다	조사	The detective probed deep **into** her past. 탐정은 그녀의 과거를 파고들었다.	**B형**
		연구	This article delves **into** modern jazz history. 이 논문은 현대 재즈 역사를 다룬다.	**B형**
	부딪치다		His car crashed **into** a parked lorry. 그의 차는 주차된 화물차를 들이받았다.	**B형**
	만나다		I ran **into** him at the library. 나는 도서관에서 그와 우연히 마주쳤다.	**B형**

ⅅ Out of

out of는 '나오다'란 기본 뜻을 가지고 있습니다. 뛰어서 나오면 run out of, 부수고 나오면 break out of, 굴러서 나오면 roll out of, 떨어져서 나오면 fall out of, 돌진하여 나오며 dash out of, 활기차게 나오면 bounce out of라고 할 수 있죠.

out of도 into처럼 부사의 품사를 가지고 있지 않고, 전치사구를 만들어 부사의 기능만을 합니다. Oranges are rolling out of her bag. (오렌지들은 그녀의 가방에서 굴러 나오고 있다.)와 같이 자동사, The commander ordered the soldiers out of the bunker. (지휘관은 군인들에게 벙커에서 나오라고 명령했다.)와 같이 타동사와 함께 전치사구를 만듭니다.

상태 전환에서는 어떤 상황이나 조건에서 나가는가에 따라 구체적인 의미를 가집니다. 예를 들어 어떤 통제나 속박에서 벗어나다는 뜻으로 How can I get out of his control? (어떻게 하면 그의 통제에서 벗어날 수 있을까요?)과 같은 자동사, They helped him out of debt. (그들은 그가 빚에서 벗어날 수 있도록 도왔다.)과 같은 타동사와 함께 쓰이기도 하지요.

다음으로 공급의 밖으로 나와 버려 부족할 때 We are running out of food. (음식이 떨어져 가고 있어요.)라고 할 수 있고, 시야의 범주 밖에 나와 버려 보이지 않을 때 They ran out of my sight, and I panicked. (그들은 보이지 않았고, 나는 겁에 질렸다.)라고 할 수 있죠. 소통의 연결망 밖에 나와 연락이 안될 때도 They have been out of contact since their divorce. (그들은 이혼 이후로 연락을 끊고 지낸다.)라고 할 수 있죠.

마지막으로 그 밖으로 위치시켜 못하게 한다는 뜻도 있어요.
예를 들어, My father talked me out of marrying him. (아버지
는 그와 결혼하지 말라고 말씀하셨다.)과 같이 사용할 수 있죠. 지금까
지 배운 out of의 내용을 아래 표와 같이 정리했습니다.

위치 이동	나오다	Oranges are rolling **out of** her bag. 오렌지들은 그녀의 가방에서 굴러 나오고 있다.	**B형**
		The commander ordered the soldiers **out of** the bunker. 지휘관은 군인들에게 벙커에서 나오라고 명령했다.	**E형**
상태 변화	벗어나다	How can I get **out of** his control? 어떻게 하면 그의 통제에서 벗어날 수 있을까요?	**B형**
		They helped him **out of** debt. 그들은 그가 빚에서 벗어날 수 있도록 도왔다.	**E형**
	떨어지다	We are running **out of** food. 음식이 떨어져 가고 있어요.	**B형**
	못하게 하다	My father talked me **out of** marrying him. 아버지는 그와 결혼하지 말라고 말씀하셨다.	**E형**
	끊어지다	They have been **out of** contact since their divorce. 그들은 이혼 이후로 연락을 끊고 지낸다.	**B형**
	없어지다	They ran **out of** my sight, and I panicked. 그들은 보이지 않았고, 나는 겁에 질렸다.	**B형**

PART 1 〈네이티브처럼 쓰기〉 모범답안 미주 모음

1   Andrew Clements, Room One: A Mystery or Two, Atheneum Books for Young Readers, 2006, pp.18

2   Anita Ganeri, I Wonder Why the Sea Is Salty and Other Questions About the Oceans, Kingfisher, p.16

3   Carl Hiaasen, Hoot, A Yearling Book, 2002, p.1, p.3

4   Fred Gipson, Old Yeller, Harper Trophy, 1956, p.56

5   Andrew Clements, Room One: A Mystery or Two, Atheneum Books for Young Readers, 2006, p.9

6   Gary Paulsen, Hatchet, Simon & Schuster Books for Young Readers, 1987, p.26

7   Andrew Clements, Room One: A Mystery or Two, Atheneum Books for Young Readers, 2006, pp.100-101

8   Fred Gipson, Old Yeller, Harper Trophy, 1956, p.31

9   Scott O'Dell, Island of the Blue Dolphins, Houghton Mifflin Harcourt, 1988, p.31

10   Belinda Weber, I Wonder Why Caterpillars Eat So Much and Other Questions about Life Cycles, Kingfisher, 2006, p.5

11   Andrew Clements, The Last Holiday Concert, Atheneum Books for Young Readers, 2004, p.9

12   Katherine Paterson, Jacob Have I Loved, Harper Trophy, 1980, p. 1

13   Andrew Clements, The Last Holiday Concert, Atheneum Books for Young Readers, 2004, p. 13

14   Carl Hiaasen, Hoot, A Yearling Book, 2002, p.1, p.103

15   Gary Paulsen, Hatchet, Simon & Schuster Books for Young Readers, 1987, p.42

16   Bill Brittain, The Wish Giver: Three Tales of Coven Tree, HarperTrophy, 1983, p.20

17   Brigid Avison, I Wonder Why My Tummy Rumbles and Other Questions About My Body, Kingfisher, 1993, p.11

18   Steve Jenkins, The Top of the World Climbing Mount Everest, Houghton Mifflin Company, 1999, pp.18-19

19   Eric Arnold, Volcanoes! Mountains of Fire, Random House, pp.6-7

20   Fred Gipson, Old Yeller, Harper Trophy, 1956, p.58

21 Scott O'Dell, Island of the Blue Dolphins, Houghton Mifflin Harcourt, 1988, p.12

22 Andrew Clements, Room One: A Mystery or Two, Atheneum Books for Young Readers, 2006, pp.47

23 E. B. White, The Trumpet of the Swan, Harper Trophy, 1970, p.2

24 Gary Paulsen, Hatchet, Simon & Schuster Books for Young Readers, 1987, p.31

25 Steve Jenkins, The Top of the World Climbing Mount Everest, Houghton Mifflin Company, 1999, pp.26-29

26 Rosie Greenwood, I Wonder Why Columbus Crossed the Ocean and Other Questions About Explorers, Kingfisher, 2005, p.14

27 Hans Christian Andersen, The Snow Queen, Usborne Publishing Ltd., 2004, pp.4-5

28 Madeleine L'engle, A Wrinkle in Time, Farrar Straus Giroux, 2007, pp.8-9

29 Bill Brittain, The Wish Giver: Three Tales of Coven Tree, HarperTrophy, 1983, p.28

30 E. B. White, The Trumpet of the Swan, Harper Trophy, 1970, p.17-19

31 Caroline Harris, I Wonder Why Whales Sing and Other Questions About Sea Life, Kingfisher, 2006, pp.12-13

32 Patricia Reilly Giff, Lily's Crossing, A Yearling Book, 1997, pp.14-15

33 Bill Brittain, The Wish Giver: Three Tales of Coven Tree, HarperTrophy, 1983, p.27

34 Carl Hiaasen, Hoot, A Yearling Book, 2002, p.1, p.66

35 Scott O'Dell, Island of the Blue Dolphins, Houghton Mifflin Harcourt, 1988, p.13

36 Steve Parker, 100 Facts Seashore, Miles Kelly, 2010, p.36

37 E. B. White, The Trumpet of the Swan, Harper Trophy, 1970, p. 0

38 Katherine Paterson, Jacob Have I Loved, Harper Trophy, 1980, p.19

39 Patricia Reilly Giff, Lily's Crossing, A Yearling Book, 1997, p.2

40 Carl Hiaasen, Hoot, A Yearling Book, 2002, p.1, p.77

41 Agustina S. Paglayan, "Education or Indoctrination? The Violent Origins of Public School Systems in an Era of State-Building," American Political Science Review, 2022, p.1

42 Eric Arnold, Volcanoes! Mountains of Fire, Random House(1997), pp.42-44